하루 하나 꺼내 보는 세계 나라 - 사회 교과서 편

펴낸일 2024년 7월 20일 초판 1쇄

지은이 에듀스토리
디자인 디앤미
기획 및 책임 편집 임수정
펴낸이 황영아
펴낸곳 마카롱플러스 미디어
등록 2023. 5. 23.
주소 서울시 광진구 아차산로 30길 36 2층 창업센터 102호
TEL 02) 400-3422 **FAX** 02) 460-2398

Copyright©에듀스토리

블로그 https://blog.naver.com/macaron_media
인스타그램 https://www.instagram.com/macaron.media
메일 media.macaron@gmail.com

>>일러두기

- 어휘력의 낱말뜻은 국립국어원 표준국어대사전을 인용했습니다.
- 각 국가의 인구는 통계청(2024년)자료를 참고하였습니다.
- 각 국가의 면적 및 언어는 외교부 자료를 참고하였습니다.
- 각 국가의 종교는 KOTRA의 자료를 기본으로 하며, 일부는 외교부 자료를 참고하였습니다.

하루 하나
꺼내 보는
세계 나라

사회 교과서 편

지은이 **에듀스토리**

이 책의 구성과 특징

BOARDING PASS

멕시코
MEXICO

수도	멕시코시티
인구	1억 2,938만 명
면적	196만㎢ (한반도의 9배)
언어	스페인어
종교	가톨릭(78%), 개신교(12%), 무교(11%) 등

01
주요 나라별 정보를 한눈에 봐요.

- 각국의 국기와 영어 국가명, 수도를 배워 상식을 키워요.
- 인구, 면적, 언어, 종교는 최신 자료를 적용하여 표기했어요.

02
사회 교과서의 배경지식을 쌓아요.

- 교과서에서 다루는 지역별 자연 환경과 인문 환경을 두루 살펴 볼 수 있어요.
- 처음 마주하게 되는 세계 지리 와 세계사 공부의 밑거름이 되 어 줄 거예요.

'세계 3대 식량 작물'이 무엇인지 알고 있나요? 쌀과 밀, 그리고 옥수수입니다. 이 중 옥수수는 멕시코의 역사와 경제, 식문화 등에 아주 큰 영향을 미쳤어요. 여러분은 대표적인 멕시코 음식인 '타 코'를 먹어본 적이 있나요? 타코는 옥수숫가루를 얇게 반죽해 구운 토르티야에 고기와 소스 등을 얹어 먹는 음식이에 요. 매콤한 고추와 토마토를 섞어 만든 칠리소스 역시 멕시코의 대표적인 음식인데요. 타코의 재료가 되는 토르티야의 옥수수, 그리고 칠리소스의 고추 모두 멕시코에서 최초로 재배한 작물이라고 합니다.

프리다 칼로는 초현실주의 미술가이자 다수의 인상적인 자화상을 남긴 멕시코의 대표적인 화가 입니다. 그녀는 척추성 소아마비를 가지고 태어났고, 큰 교통사고로 인해 서른 번이 넘는 수술과 고비를 넘기며 작품 활동을 이어갔어요. 유명한 벽화 작가인 리베로 디에고와 결혼했지만 안타깝게도 결혼 생활은 평탄하지 못했어요. 그럼에도 불구 하고 파란만장한 인생을 꿋꿋이 버티며 독창 적인 작품을 남긴 그녀는 멕시코의 자랑이 되었 습니다. 멕시코 화폐에도 그녀의 작품과 얼굴이 남겨져 있어요.

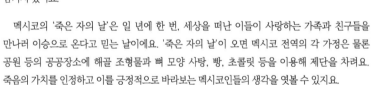

멕시코의 '죽은 자의 날'은 일 년에 한 번, 세상을 떠난 이들이 사랑하는 가족과 친구들을 만나러 이승으로 온다고 믿는 날이에요. '죽은 자의 날'이 오면 멕시코 전역의 각 가정은 물론 공원 등의 공공장소에 해골 조형물과 뼈 모양 사탕, 빵, 초콜릿 등을 이용해 제단을 차려요. 죽음의 가치를 인정하고 이를 긍정적으로 바라보는 멕시코인들의 생각을 엿볼 수 있지요.

03

색칠하고 쓰면서 손으로 기억해요.

• 나라별 위치를 확인해보고 국가명과 수도를 직접 써 보면서 집중해요.

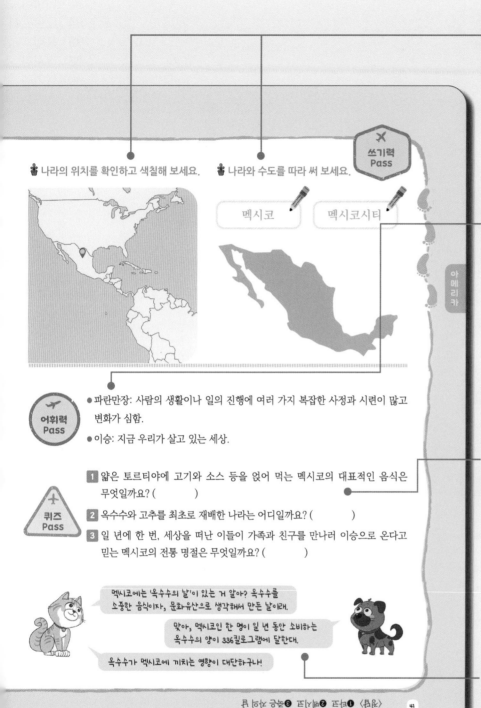

🌵 나라의 위치를 확인하고 색칠해 보세요.　🪴 나라와 수도를 따라 써 보세요.

쓰기력
Pass

멕시코　　　멕시코시티

04

사회 교과와 관련된 어휘를 또렷하게 익혀요.

• 사회 교과를 공부할 때 낱말 뜻을 몰라서 어려움을 겪는 경우가 많아요.

• 정확한 뜻을 짚어가며 자신감을 키워요.

어휘력
Pass

• 파란만장: 사람의 생활이나 일의 진행에 여러 가지 복잡한 사정과 시련이 많고 변화가 심함.

• 이승: 지금 우리가 살고 있는 세상.

퀴즈
Pass

1 얇은 토르티야에 고기와 소스 등을 얹어 먹는 멕시코의 대표적인 음식은 무엇일까요? (　　)

2 옥수수와 고추를 최초로 재배한 나라는 어디일까요? (　　)

3 일 년에 한 번, 세상을 떠난 이들이 가족과 친구를 만나러 이승으로 온다고 믿는 멕시코의 전통 명절은 무엇일까요? (　　)

05

퀴즈로 점검해요.

• 본문에서 다룬 내용을 다시 찾아보면서 반복할 수 있도록 해요.

• 답을 쓰면서 배운 내용을 머릿속에 쏙 저장해요.

멕시코에는 '옥수수의 날'이 있는 거 알아? 옥수수를 소중한 음식이자, 문화유산으로 생각해서 만든 날이래.

맞아, 멕시코인 한 명이 일 년 동안 소비하는 옥수수의 양이 336킬로그램에 달한대.

옥수수가 멕시코에 끼치는 영향이 대단하구나!

06

상식과 재미를 더해요.

• 흥미로운 상식이나 최신 정보를 가볍게 익힐 수 있어요.

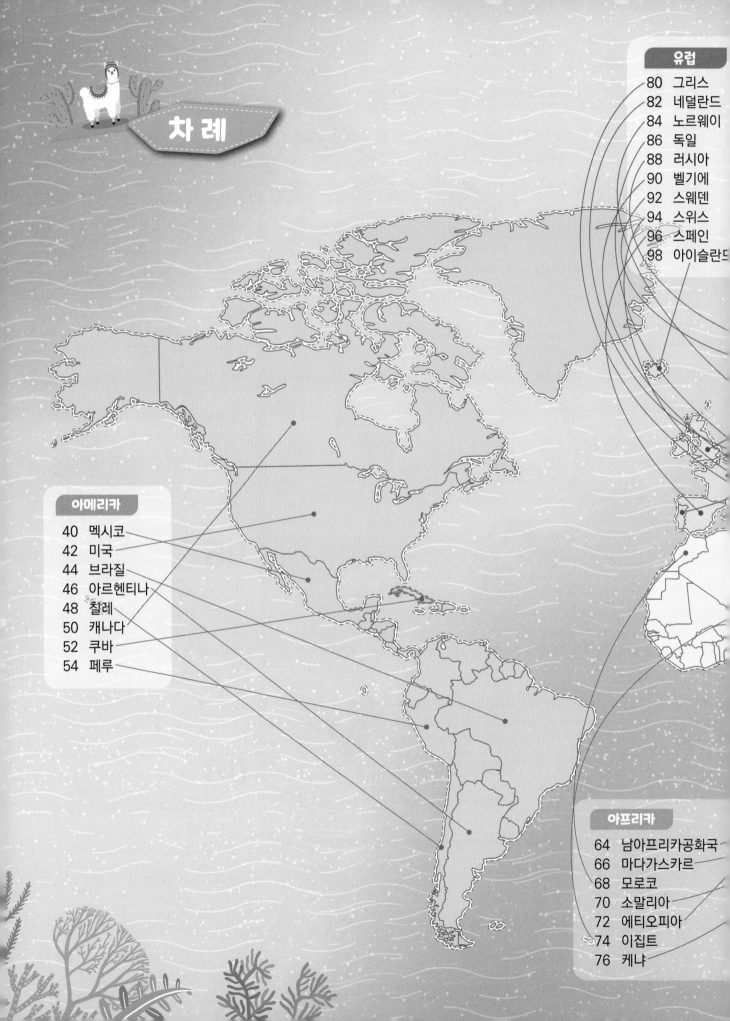

차 례

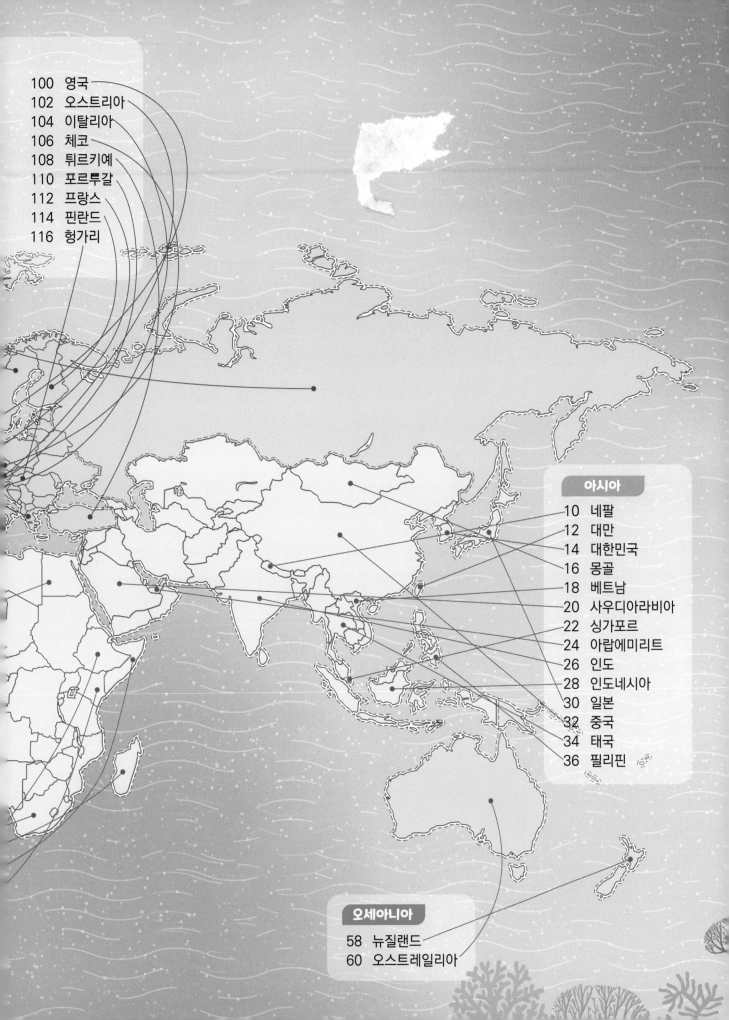

BOARDING PASS ✈ 네팔
NEPAL

수도	카트만두
인구	3,124만 명
면적	14만 7,181㎢ (한반도의 2/3)

언어	네팔어
종교	힌두교(81%), 불교(8%), 이슬람교(5%) 등

네팔은 중국과 인도에 둘러싸여 있으며, 히말라야산맥의 남쪽에 위치한 내륙 국가입니다. 네팔은 세계에서 가장 높은 산 10개 중 8개가 있을 정도로 험준한 산이 많은 나라예요. '세계의 지붕'이라고 불리는 지구상에서 가장 높은 산 에베레스트가 바로 이곳에 있지요. 8,848미터의 에베레스트산은 한반도에서 가장 높은 백두산에 비해 세 배나 높다고 해요.

네팔의 수도 카트만두는 모험을 즐기는 산악인들이 모이는 곳입니다. 히말라야로 가는 입구이기 때문이죠. '셰르파'에 대해 들어 본 적 있나요? 이는 히말라야 산악 등반 안내인을 이르는 말인데요. 전반적인 등반 준비에서부터 날씨와 지형 등을 고려한 등정 루트 선정에 이르기까지 히말라야 원정을 위한 실질적인 지원을 하며 동행하는 사람이에요. 히말라야는 고산지대라서 산소량도 부족하고 날씨도 급변하기 때문에 이들의 도움이 필요하다고 해요.

네팔의 국기는 매우 독특한데요. 세계에서 유일하게 국기 모양이 삼각형이며, 삼각형을 위아래로 두 개 포개어 놓은 모양이에요. 국기 테두리의 파란색은 세계를, 테두리 안의 빨강은 행운을 상징하며 국기 안에 흰색으로 새겨진 해와 달은 영원한 번영을 염원한다고 합니다.

🌱 나라의 위치를 확인하고 색칠해 보세요.

🌱 나라와 수도를 따라 써 보세요.

네팔   카트만두

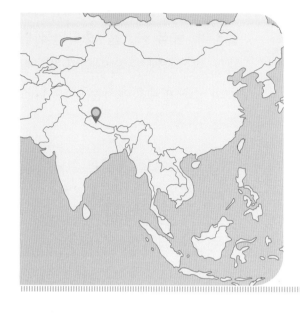

어휘력
Pass

● 등정: 산 따위의 꼭대기에 오름.

● 번영: 번성하고 영화롭게 됨.

퀴즈
Pass

1 '세계의 지붕'이라고 불리는 지구에서 가장 높은 산은 어디일까요? (   )

2 히말라야 원정을 함께하는 사람으로, 험준한 산을 등반하기 위한 실질적인
   준비와 지원을 하며 동행하는 안내인을 무엇이라고 할까요? (   )

나마스떼~ 네팔에서 쓰는 인사말이야.

나마스떼? 이건 인도에서 쓰는 인사말 아니야?

둘 다 맞아. 네팔에서 이 말은 '나의 신이
당신의 신을 존중합니다'라는 뜻을 가지고 있대.

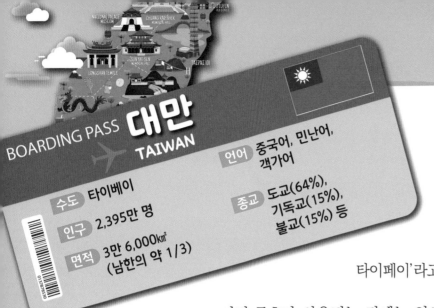

BOARDING PASS ✈ **대만**
TAIWAN

| 언어 | 중국어, 민난어, 객가어 |

수도	타이베이
인구	2,395만 명
면적	3만 6,000㎢ (남한의 약 1/3)

| 종교 | 도교(64%), 기독교(15%), 불교(15%) 등 |

한국식 발음으로는 '대만'이라 칭해지고, 통상적으로는 '타이완'이라 불리며, 공식 국호는 '중화민국'인 나라. 여러 국제기구와 올림픽, 월드컵 등의 스포츠대회에서는 '차이니즈 타이페이'라고 불리는 나라.

여러 국호가 사용되는 것에는 역사적 배경이 있어요. 대만은 섬나라로, 오래전 네덜란드의 지배를 시작으로 정씨왕국, 청나라의 지배, 일본의 식민지를 거쳐 1945년에 독립했어요. 하지만 오랜 시간 외세의 지배를 받아 온 대만은 일본의 식민지에서 벗어난 이후에도 중화인민공화국(중국)과의 갈등을 겪고 있어요. 지금도 대만 내에서는 자국민의 정체성을 두고 의견이 분분하답니다. 대만이 가진 여러 가지 국호는 대만 내의 정체성, 중국에 대한 인식 등이 반영된 결과인 거죠.

우리에게는 정월 대보름으로 알려진 매년 음력 1월 15일, 대만에서는 이날 등불 축제를 해요. 꽉 찬 보름달을 향해 꼬리를 물고 이어지는 수천 개의 등불 행렬을 볼 수 있지요. 등불은 삼국 시대 제갈량이 병사들에게 신호를 보내기 위한 통신 도구로 사용했다는 설이 있어요. 오늘날의 등불 축제는 새해를 맞아 평화와 번영, 개인의 소망들을 담아 하늘을 향해 보내는 행사로 남아 있습니다.

🌱 나라의 위치를 확인하고 색칠해 보세요.

🌱 나라와 수도를 따라 써 보세요.

대만

타이베이

어휘력 Pass

- 국호: 나라의 이름.
- 자국민: 자기 나라의 백성.
- 정월 대보름: 음력 정월 보름날을 명절로 이르는 말. 우리나라에서는 새벽에 귀밝이술을 마시고 부럼을 깨물며 약밥, 오곡밥 따위를 먹음.

퀴즈 Pass

1 대만에서는 매해 등불 축제를 크게 여는데요. 축제일은 우리나라의 정월 대보름에 해당하는 날입니다. 음력 몇 월 며칠일까요? (   )

대만은 품질 좋은 우롱차가 유명한 특산품이래.

우롱? 우롱차? 그게 뭐야?

녹차, 우롱차, 홍차 모두 같은 찻잎으로 만들어.
그중 우롱차는 홍차보다 덜 발효된 차를 말해.
고산 지대가 많은 대만의 산은 시원하면서도 햇볕은 뜨겁고,
해풍으로 습하기 때문에 차 나무를 재배하기 안성맞춤이거든.

BOARDING PASS ✈ **대한민국**
REPUBLIC OF KOREA

언어	한국어
수도	서울
종교	개신교(20%), 불교(16%), 가톨릭(8%) 등
인구	5,150만 명
면적	10만 449㎢

대한민국은 우리나라 최초의 민주공화국입니다. 1950년 한국 전쟁으로 국토 대부분이 파괴되고 많은 사람이 희생되는 어려움을 겪었지만, 1960년대 이후 눈부신 경제 성장과 민주화의 진전 등으로 발전을 거듭하고 있어요. 꾸준한 경제 성장으로 국내 총생산(GDP) 기준으로 매년 상위권의 순위를 기록하고 있고요. 특히 최근에는 K-POP과 영화, 드라마 등의 대중 문화 예술과 K-푸드 열풍으로 세계인의 관심을 끌며 위상이 매우 높아졌지요.

한글은 우리의 큰 자랑거리예요. 한글은 유일하게 그것을 만든 사람과 반포한 날짜, 그 글자의 원리까지 정리되어 있어요. 세계 어디에도 이러한 문자는 없다고 해요. 그리고 한글은 제작 원리가 독창적이고 과학적이며, 적은 수의 글자로 많은 소리를 적을 수 있어 누구나 쉽고 빠르게 배울 수 있어요.

우리나라 남단에 위치한 제주도는 모두가 손꼽는 아름다운 관광지 중 하나죠. 하지만 제주도는 단순히 아름답기만 한 것이 아니랍니다. 화산 활동으로 만들어진 제주도는 섬 전체가 화산 박물관이라고 할 만큼 다양하고 독특한 화산 지형을 자랑해요. 땅 위에는 크고 작은 360여 개의 오름이 있고, 땅 아래에는 160여 개의 용암동굴이 섬 전역에 흩어져 있죠. 유네스코에서는 이런 희소하면서도 보존해야 할 제주도의 가치를 높게 평가했어요. 그래서 2002년 생물권보전지역으로 지정하고, 2007년 세계자연유산 등재, 2010년 세계지질공원 인증까지 제주도에 3관왕을 부여했지요.

🌱 나라의 위치를 확인하고 색칠해 보세요.　　🌱 나라와 수도를 따라 써 보세요.

아시아

 대한민국

 서울

 ✈ 어휘력 Pass

● 오름: 용암이 분출하면서 생긴 작은 화산체.

● 반포: 세상에 널리 퍼뜨려 모두 알게 함.

 ✈ 퀴즈 Pass

1 대한민국의 독특한 문자로, 만든 사람과 반포한 날짜, 글자의 원리까지 정리되어 있는 세계 유일의 문자는 무엇일까요? (　　　　)

2 화산 활동으로 만들어진 제주도는 땅 위에 360여 개의 (　　　　)이 있고, 땅 아래에는 160여 개의 (　　　　)이 섬 전역에 흩어져 있어요.

우리나라에서 해가 가장 빨리 뜨는 곳이 어디게?

정답~ 독도! 우리나라 국토 가장 동쪽은 바로 독도지.

맞아. 독도는 경상북도 울릉군 동쪽에 있는 화산섬이야.

BOARDING PASS
몽골
MONGOLIA

수도	울란바토르
인구	349만 명
면적	156만 4,000㎢ (한반도의 7.1배)

| 언어 | 할흐 몽골어 |
| 종교 | 라마교(52%), 이슬람교(3%), 무교(41%) 등 |

몽골은 북쪽으로 러시아, 남쪽으로 중국을 접하고 있는 나라예요. 몽골 지역은 오랫동안 북방 유목 민족들이 흥망성쇠를 이어가다가, 13세기 때 몽골 부족을 통일한 칭기즈 칸이 중국에서부터 유럽 대륙을 포괄하는 전무후무한 거대 몽골 제국을 건설했습니다. 이후 분열과 쇠락을 이어오며 청나라와 구소련의 영향을 받다가 1990년 민주화를 통해 시장경제로의 변혁과 발전을 이어오고 있어요.

몽골 인구의 40%는 여전히 유목 생활을 하고 있고, 나머지 대부분은 수도 울란바토르에서 도시 생활을 하고 있어요. 유목 생활은 이동식 원형 텐트인 게르에서 숙식을 해결하고요. 원칙적으로 자급자족 생활을 한답니다. 몽골 사람들은 주로 고기류와 낙농 제품을 먹어요. 이는 유목 생활에서 기르던 동물로 생계를 꾸려왔기 때문이기도 하고요. 또한 춥고 건조한 겨울을 견디며 유목 생활을 하려면 동물성 지방 에너지 공급이 필수적이기 때문이에요.

몽골은 국토 면적이 한반도의 7배에 달하지만, 인구는 350만 명으로 밀도가 낮아서 도시와 농촌 사이의 발전 격차가 매우 커요. 자원과 제조업이 부족하고 내륙 국가라서 많은 물건을 이웃 나라를 통해 수입해 와야 해요. 한국과 중국은 지리적으로 몽골과 가깝기 때문에 물류 비용적 측면에서 장점을 가지고 있어요. 그래서 한국의 기업들과 제품들, 문화 등이 몽골의 도시에 점차 깊숙이 자리 잡고 있어요.

🌱 나라의 위치를 확인하고 색칠해 보세요.　　🌱 나라와 수도를 따라 써 보세요.

몽골　　　　　울란바토르

어휘력 Pass

● 전무후무: 이전에도 없었고 앞으로도 없음.

● 흥망성쇠: 흥하고 망함과 세력이 왕성했다가 약해짐.

● 유목: 일정한 거처를 정하지 아니하고 물과 풀밭을 찾아 옮겨 다니면서 목축을 하여 삶.

퀴즈 Pass

1 13세기경 아시아에서부터 유럽 대륙까지 세력 팽창을 해 거대한 몽골제국을 이뤘던 정복자는 누구일까요? (　　　　　)

2 유목 생활하는 몽골인들의 이동식 천막집을 무엇이라고 할까요? (　　　　　)

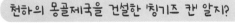

천하의 몽골제국을 건설한 '칭기즈 칸' 알지?

그럼~ 원래 본명이 '테무친'이잖아.

몽골의 통일부터 중국에서 유럽 땅까지 정복하는 데 불과 70년밖에 안 걸렸대.

테무친은 병사들과 같은 옷을 입고 같은 음식을 먹으며 천막에서 함께 자며 지냈었대.

BOARDING PASS 베트남
VIETNAM

수도 하노이
인구 9,949만 명
면적 33만 341㎢
(한반도의 1.5배)

언어 베트남어
종교 불교(10%),
가톨릭(9%) 등

쌀국수는 대표적인 베트남 음식입니다. 이는 베트남이 세계적인 쌀 생산국이자 세계 3위의 쌀 수출국이기 때문이에요. 특히 베트남의 남부 지역에 '메콩강 델타'라고 불리는 곳의 쌀 생산량이 매우 많은데요. 이곳은 티베트고원에서 발원해 중국과 미얀마, 라오스, 태국, 캄보디아를 거쳐 흘러 내려온 메콩강의 비옥한 흙이 쌓여서 삼각주가 형성되는 곳이에요. 물이 풍부한 곡창 지대라서 많은 인구가 이곳에 모여 삽니다.

과거의 베트남은 분단국가였어요. 프랑스의 식민지였다가 제2차 세계대전이 끝나기 전까지는 일본이 베트남을 지배했었어요. 전쟁 후에는 다시 각각 프랑스와 미국의 영향을 받는 남과 북으로 나누어졌었어요. 이후 미국과 무려 11년 동안 전쟁을 치르며 큰 피해가 있었지만, 베트남의 끈질긴 저항과 미국 내의 전쟁을 반대하는 여론 등의 영향으로 1976년 전쟁에서 승리하여 통일 되었어요. 분단 당시 남쪽은 호찌민이, 북쪽은 하노이가 수도였어요. 그래서 지금도 하노이는 정치 수도로, 호찌민은 경제 수도로서의 역할을 하고 있어요.

베트남의 전통 의상인 '아오자이'를 본 적이 있나요? 오늘날에는 명절이나 결혼 등의 행사, 혹은 여학생의 교복으로 입는 경우가 많은데요. 길이가 긴 상의에 허리부터 길게 트임이 있고, 안에는 품이 넉넉한 바지를 입어요. 그리고 베트남에는 '논'이라고 불리는 대나무 잎으로 만든 삼각형 모양의 전통 모자가 있어요. 갑자기 쏟아지는 비와 뜨거운 해를 피하기에 적합하지요.

🌱 나라의 위치를 확인하고 색칠해 보세요.　🌱 나라와 수도를 따라 써 보세요.

✈ 쓰기력
Pass

아
시
아

베트남　　하노이

어휘력
Pass

● 삼각주: 강이 바다로 들어가는 어귀에 강물이 운반하여 온 모래나 흙이 쌓여 이루어진 편평한 지형.

● 곡창 지대: 쌀 따위의 곡식이 많이 나는 지대.

퀴즈
Pass

1 베트남의 대표적인 곡창 지대로, 메콩강을 따라 상류에서 운반된 비옥한 흙이 쌓인 삼각주 지형입니다. 베트남 남부 지역에 있으며 쌀 생산량이 많은 이곳을 무엇이라고 부를까요? (　　　　)

2 베트남의 대표적인 전통 의상의 이름은 무엇일까요? (　　　　)

베트남 도로에서 오토바이 행렬을 본 적 있어?

출퇴근 시간에 도로가 오토바이로 꽉 차더라.

맞아. 교통체증과 대기오염 문제가 크지.

그래서 앞으로 오토바이 사용을 줄이고 대중교통 시설을 구축할 계획이래.

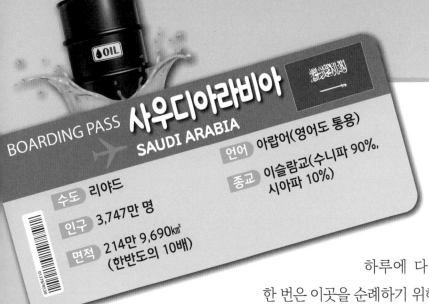

BOARDING PASS **사우디아라비아**
SAUDI ARABIA

수도 리야드
인구 3,747만 명
면적 214만 9,690㎢
(한반도의 10배)
언어 아랍어(영어도 통용)
종교 이슬람교(수니파 90%, 시아파 10%)

아라비아반도에 위치한 사우디아라비아는 이슬람교의 탄생지예요. 이슬람의 창시자인 무함마드가 태어난 곳인 '메카'는 이슬람의 대표적인 성지입니다. 이슬람권에서는 하루에 다섯 번씩 메카를 향해 기도하고 일생에 한 번은 이곳을 순례하기 위해 방문합니다.

이슬람교는 매우 엄격하고 보수적인 교리를 바탕으로 일상생활에 큰 영향을 끼쳐요. 남성을 중심으로 한 가부장적인 문화가 강해서, 여성과 소수자에 대한 차별적 대우와 사형 집행 등과 같은 인권 문제로 종종 비판을 받기도 해요. 최근에는 여성 운전 금지령을 폐지하고, 여성의 여행을 허가하는 법을 정하는 등 다양한 변화를 시도하고 있어요.

사우디아라비아는 대표적인 석유 생산 국가예요. 석유 수출량 세계 1위로 아랍권 국가 중 유일한 G20 회원국입니다. 원유 생산으로 부강해진 국가이지만, 최근에는 관광 산업과 엔터테인먼트 사업 등의 활성화를 위해 노력하고 있대요.

🌱 나라의 위치를 확인하고 색칠해 보세요.　　🌱 나라와 수도를 따라 써 보세요.

사우디아라비아　　　리야드

✈️ **어휘력 Pass**

● 순례: 종교의 발생지나 소재지, 성인의 무덤이나 거주지와 같이 종교적인 의미가 있는 곳을 찾아다니며 방문하여 참배함.

● G20: Group of 20. 선진 7개국 정상회담(G7)과 유럽연합(EU) 의장국, 신흥 시장 12개국 등 세계 주요 20개국을 회원으로 하는 국제기구.

✈️ **퀴즈 Pass**

1 이슬람의 대표 성지로, 이슬람교의 창시자인 무함마드가 태어난 곳입니다. 매년 수많은 순례자가 방문하는 이곳은 어디일까요? (　　　　　)

사우디아라비아 여성은 얼굴과 손·발을 제외한 온몸을 가리는 '아바야'라는 전통 의상을 입는대.

무슬림 전통 의상도 종류가 다양하다고 하던데?

맞아. 귀와 목, 어깨 정도만 가리는 '히잡', 눈만 남기고 얼굴 전체를 가리는 '니캅', 머리끝부터 발끝까지 덮으면서 눈마저도 망사로 가리는 '부르카'도 있대.

말레이반도 남쪽에 있는 싱가포르의 수도는 싱가포르이고, 도시 전체가 한 나라인 도시 국가입니다. 전체 면적이 서울의 1.2배 정도 됩니다. 작은 도시 국가지만 1인당 국민총생산은 세계 5위에 드는 경제 선진국이에요.

싱가포르는 원래 싱가포르 땅에 살던 말레이인과 중국인, 영연방 출신의 인도인, 이민으로 유입된 아랍인 등 여러 민족과 문화가 다양하게 섞여 있는 나라예요. 각 민족의 언어를 공식 언어로 채택하지만, 대부분의 젊은 사람들은 영어를 사용한대요. 그리고 불교, 기독교, 이슬람교, 힌두교 등 다양한 종교를 가진 사람들이 어울려 살기 때문에 종교와 관련된 국경일도 다양하고요. 싱가포르를 여행하다 보면 힌두교 사원과 이슬람 사원, 불교 사원과 성당 등을 모두 만나볼 수 있을 정도예요. 당연히 음식 문화도 발달해서 각국의 음식을 맛볼 수 있기도 하죠. 한마디로 싱가포르는 아시아의 문화가 모두 공존하는 다문화 사회라고 할 수 있어요.

싱가포르에 여행을 가면 '머라이언(Merlion)상'을 만나게 돼요. 얼굴은 사자의 모습을, 몸은 물고기의 모습을 한 가상의 동물로 싱가포르의 상징이에요. 입에서 물을 뿜고 있는 머라이언상은 여행객의 필수 포토존이죠.

🌱 나라의 위치를 확인하고 색칠해 보세요.

🌱 나라와 수도를 따라 써 보세요.

✈ 쓰기력 Pass

아시아

싱가포르

싱가포르

✈ 어휘력 Pass

● 도시 국가: 도시 그 자체가 정치적으로 독립하여 국가를 이루는 공동체.

✈ 퀴즈 Pass

1 싱가포르는 다양한 민족과 문화가 조화롭게 공존하는 곳이기 때문에 당연히 종교도 다양한데요. (   ), (   ), (   ), (   ) 등의 종교를 가진 사람이 어울려 지내는 다문화 사회입니다.

2 얼굴은 사자의 모습을, 몸은 물고기의 모습을 가진 가상의 동물로 싱가포르의 상징과도 같은 이 조각상의 이름은 무엇일까요? (   )

나 같은 미식가한테 싱가포르 여행은 필수야.

왜? 무슨 음식이 유명한데?

싱가포르는 다양한 민족이 어우러진 곳이라 중국 요리와 인도, 말레이 및 서양식 요리까지 전부 맛볼 수 있거든. 생각만 해도 침이 고여!

BOARDING PASS ✈ **아랍에미리트**
UNITED ARAB EMIRATES

언어	아랍어
종교	이슬람교(수니파 85%, 시아파 15%)
수도	아부다비
인구	959만 명
면적	8만 3,600㎢ (한반도의 약 1/3)

아랍에미리트는 아라비아반도 동부에 있는 7개의 토후국이 연합해 만든 나라입니다. 수도는 아부다비이고 두바이, 샤르자, 아지만, 움알쿠와인, 라스알카이마, 푸자이라까지 포함되는 총 7개의 토후국은 서로 다른 군주가 통치해요. 이 군주 중 아부다비 군주가 아랍에미리트 전체의 대통령을 맡고 있어요.

수도 아부다비는 아열대 사막 기후입니다. 가장 더운 7월에는 보통 40도 이상에서 최고 50도를 초과할 때도 있고요. 강한 모래 폭풍이 불어오기도 해요. 하지만 아부다비는 고요한 맹그로브 숲부터 분주한 도심, 해안가에서 반짝이는 고층 빌딩까지 다채로운 매력이 가득한 곳이에요. 무려 82개의 흰색 돔이 있는 세계적인 모스크 중 하나인 '셰이크 자이드 모스크'도 파란 하늘 아래 펼쳐진 웅장한 건축물로 관광객을 압도하지요.

'사막 위에 세운 기적의 도시'라 불리는 두바이는 아랍에미리트의 최대 도시입니다. 828미터에 달하는 초고층 빌딩과 호텔, 인공섬에 지어진 초호화 리조트가 있고요. 화려한 건물들 한편에는 옛 모습을 잘 간직하고 있는 명소들도 있어서 과거와 미래를 넘나드는 곳이죠. 한편 이런 급격한 도시의 성장이 주변 생태를 파괴해 이 지역의 산호초와 맹그로브숲 생태계가 위협받고 있다는 문제점도 있어요.

🌱 나라의 위치를 확인하고 색칠해 보세요.　　🌱 나라와 수도를 따라 써 보세요.

 쓰기력
Pass

아랍에미리트　　아부다비

 어휘력
Pass

● 토후국: 아시아, 특히 아랍 지역에서 중앙 집권적 국가 행정에서 독립하여 부족 장이 통치하던 나라.

● 맹그로브: 아열대나 열대의 해변이나 하구의 습지에서 자라는 관목이나 교목을 통틀어 이르는 말. 조수에 따라 물속에 잠기기도 하고 나오기도 함.

 퀴즈
Pass

1 아라비아반도 동부에 위치한 국가 아랍에미리트는 몇 개의 토후국이 연합해 만든 나라일까요? (　　　　)

2 아랍에미리트의 수도는 어디일까요? (　　　　)

두바이에 가서 버기카를 타며 붉은 사막 위를 달려보는 게 소원이야.

스릴 넘치긴 하겠는데. 난 무서워서 같이 못 타겠다.

걱정 마~ 모래에서 타는 썰매 샌딩보드도 있으니까.

썰매는 자신 있지!

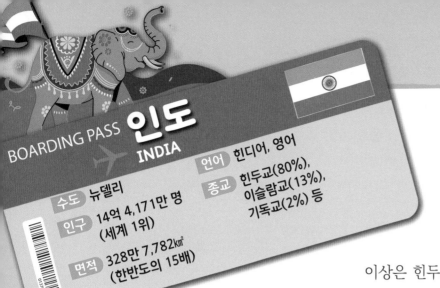

BOARDING PASS **인도**
INDIA

언어	힌디어, 영어
수도	뉴델리
종교	힌두교(80%), 이슬람교(13%), 기독교(2%) 등
인구	14억 4,171만 명 (세계 1위)
면적	328만 7,782㎢ (한반도의 15배)

최근 인도는 중국을 뛰어넘어 전 세계에서 인구가 가장 많은 국가가 되었어요. 14억이 넘는 인도의 인구는 전 세계 인구의 5분의 1에 해당한다고 해요. 인도인들의 80% 이상은 힌두교를 믿습니다. 그들에게 종교는 삶의 방식 그 자체이며, 생활의 중요한 지침이 됩니다. 인도인들은 지금의 생은 지난 생의 결과이며 다음 생을 위한 준비라고 생각하죠. 인도는 힌두교뿐만 아니라 불교의 발상지이기도 해요.

인도의 동쪽에는 갠지스강이 흐르고 있고, 서쪽에는 인더스강이 흘러요. 갠지스강은 연 100만 명 이상의 순례자들이 찾는 힌두교의 성지랍니다. 이곳에서 몸을 씻으면 전생의 업보를 씻을 수 있고, 유골을 뿌리면 죽음 이후에 좋은 곳에 갈 수 있다고 전해져요. 그리고 인더스강은 세계 4대 문명 발상지 중 하나로 의미 있는 곳이죠.

인도는 인류 문명의 발상지이자 힌두교와 불교의 발상지로 역사적 의미가 있는 곳이기도 하지만, 지금은 세계적인 IT 강국이기도 합니다. 인도에서는 매해 10만 명에 달하는 IT 전문 인력이 배출된다고 해요. 그리고 첨단기업들이 모여있는 미국 실리콘밸리에는 인도 출신의 CEO들이 계속해서 늘고 있다고 해요.

🌱 나라의 위치를 확인하고 색칠해 보세요.　　🌱 나라와 수도를 따라 써 보세요.

인도　　　뉴델리

아시아

어휘력 Pass

● 발상지: 역사적으로 큰 가치가 있는 어떤 일이나 사물이 처음 나타난 곳.

● 업보: 선과 악을 행한 것에 따르는 결과.

● 유골: 죽은 사람의 몸을 태우고 남은 뼈. 또는 무덤 속에서 나온 뼈.

퀴즈 Pass

1 인도 인구의 약 80%가 믿고 있는 종교는 무엇일까요? (　　　　　)

2 인도의 동쪽에 흐르는 강으로, 힌두교인들은 이곳에서 몸을 씻으면 전생의 업보를 씻을 수 있다고 믿어요. 힌두교인들의 성지인 이 강의 이름은 무엇일까요? (　　　　　)

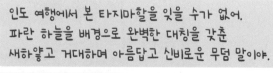

인도 여행에서 본 타지마할을 잊을 수가 없어. 파란 하늘을 배경으로 완벽한 대칭을 갖춘 새하얗고 거대하며 아름답고 신비로운 무덤 말이야.

그렇게 큰 건물이 무덤이라고?

응! 무굴제국의 황제가 사랑했던 아내의 죽음을 위로하기 위해 만든 무덤이래.

건축물도 아름답고, 이야기도 너무 아름답다!

BOARDING PASS **인도네시아**
INDONESIA

수도 자카르타
인구 2억 7,979만 명
면적 191만 6,820㎢
(한반도의 약 9배)

언어 인도네시아어
종교 이슬람교(87%),
기독교(8%),
가톨릭(3%) 등

적도에 위치하고 있는 인도네시아는 세계에서 가장 큰 섬나라입니다. 1만 7천여 개의 섬으로 이뤄진 나라인 만큼 수백 개의 민족과 언어들이 공존해요. 그래서 인도네시아는 이런 민족적 다양성과 종교의 다양성을 관용하는 정책을 펼친대요.

세계에서 인구가 네 번째로 많은 인도네시아는 세계 최대의 무슬림 국가입니다. 다양한 종교를 인정하지만, 국민의 대부분이 이슬람 신자예요. 이슬람 교리에 맞게 돼지고기는 먹지 않고, 술도 금기시하는 문화를 가지고 있습니다. 하지만 중동의 이슬람 국가와는 조금 다르게 여성들이 복장을 선택할 수 있으며 히잡 착용 또한 강제성을 띠지 않습니다. 사회생활의 제약도 적은 편이에요.

이슬람력으로 9월은 라마단 기간이에요. 이 기간에 무슬림은 일출과 일몰 사이에 금식하고, 하루에 다섯 번 기도를 올려요. 하지만 해가 질 무렵에는 음식을 파는 곳이 곳곳에 넘쳐나고요. 30일의 금식 기간이 끝나면 '르바란'이란 축제가 열려 가족과 친구들이 모여서 특별한 음식을 즐깁니다.

🌱 나라의 위치를 확인하고 색칠해 보세요.

🌱 나라와 수도를 따라 써 보세요.

인도네시아

자카르타

아
시
아

어휘력
Pass

● 관용: 남의 잘못 따위를 너그럽게 받아들이거나 용서함.
● 무슬림: 이슬람교를 믿는 사람.

퀴즈
Pass

1 인도네시아는 인구로는 세계 (   )위, 무슬림 인구는 세계 (   ) 위인 나라입니다.

2 이 기간에 무슬림은 해가 떠 있는 동안 금식을 하며 하루에 5번 기도를 합니다. 이슬람력의 9월에 해당하는 이때를 무엇이라고 할까요? (   )

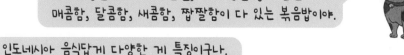

인도네시아 가서 내 최애 음식을 발견했어.
나시고렝은 내 스타일이야.

나시고렝? 뭐라고렝?

나시고렝은 고기와 해산물, 채소 등을 넣고 만든
매콤함, 달콤함, 새콤함, 짭짤함이 다 있는 볶음밥이야.

인도네시아 음식답게 다양한 게 특징이구나.

BOARDING PASS **일본**
JAPAN

수도	도쿄
인구	1억 2,263만 명
면적	37만 8,000㎢ (한반도의 약 1.7배)
언어	일본어
종교	신도(47%), 불교(43%), 기독교(3%) 등

일본은 지리적으로 '불의 고리'라고 불리는 환태평양 조산대에 속해 있어요. 지각이 불안정해서 화산 활동과 지진이 자주 발생해요. 일본에는 약 200개가 넘는 화산이 있고, 그중에 110여 개는 여전히 활동하는 활화산이라고 해요. 일본에서 가장 높은 후지산도 활화산이에요. 후지산은 높이가 3,776미터로 매우 높아 먼 곳에서 바라봐도 쉽게 관망할 수 있고요. 일본의 상징이자, 신앙의 대상처럼 여겨지기도 한답니다.

일본 열도에서는 지진이 자주 일어납니다. 사람이 체감할 수 있는 지진만 일 년에 1,500회에 달한다고 해요. 그래서 건축물에 내진 설계를 해서 피해를 줄이고 있어요. 화산 활동으로 만들어진 온천도 매우 많은데요. 이 온천은 일본의 좋은 관광자원으로 활용되고 있어요. 온천에서 뿜어 나오는 증기를 활용하는 지열발전소로 전기를 생산하기도 해요. 일본은 다양한 방법으로 자연을 극복하고 활용하기 위해 애쓰고 있어요.

일본은 '섬나라'라는 지리적 특성 때문에 생선과 해산물을 활용한 음식이 유명해요. 과거 일본은 육식을 즐기지 않는 문화여서 주로 콩을 활용한 미소(된장), 낫토(발효 콩), 두부 요리 등으로 단백질을 섭취했었대요. 하지만 19세기 후반부터 서구 문화를 접하면서 육류를 적극적으로 섭취하기 시작했어요. 바로 그런 배경에서 만들어진 대표적인 음식이 돈가스랍니다.

쓰기력
Pass

🌱 나라의 위치를 확인하고 색칠해 보세요.　　　🌱 나라와 수도를 따라 써 보세요.

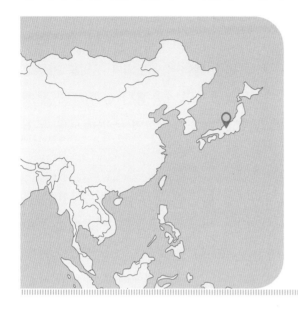

일본　　　도쿄

아시아

어휘력
Pass

● 환태평양 조산대: 태평양을 둘러싸고 고생대 말기에서 지금까지 조산 운동을 거듭하고 있는 지대. 세계 최대의 조산대로서 현재도 지진, 화산 활동 따위가 있음.
● 활화산: 지금도 화산 활동을 계속하고 있는 화산.

퀴즈
Pass

1 태평양을 둘러싸고 지진과 화산 활동이 자주 발생하는 환태평양 조산대를 일컫는 다른 표현은 무엇일까요? (　　　　)

2 일본에서 가장 높은 활화산으로, 일본의 상징처럼 여기는 산의 이름은 무엇 일까요? (　　　　)

네 개의 큰 섬으로 이뤄진 일본은 위도 차이가 커서 기후가 다양하대.

맞아. 가장 북쪽의 홋카이도는 냉대기후에 속해서 3월까지도 눈이 쌓여 있대. 삿포로는 아름다운 설경으로 축제도 많아.

난 추운 거는 딱 질색인데.

남쪽의 오키나와는 어때? 온난한 아열대 기후라서 물놀이도 실컷 즐길 수 있어.

〈정답〉❶ 불의 고리 ❷ 후지산

중국은 한반도의 44배나 되는 광활한 국토 면적으로 세계에서 네 번째로 큰 나라입니다. 인구는 14억 명이 넘어서 인도와 1, 2위를 겨루고 있고, 국내총생산(GDP)도 세계 2위를 기록했다고 하니 경제적인 측면에서도 무척 대단하죠.

영토가 넓은 중국은 고원, 산지, 사막, 초원, 평야, 강과 호수 등 다양한 지형이 모두 나타나는 곳이에요. 서쪽에는 티베트고원이, 남쪽에는 히말라야산맥이 자리하고 있고요. 서쪽에서 동쪽으로 흐르는 황허강과 양쯔강 덕분에 동쪽 지역은 하천과 평야가 발달해 농사를 짓기에 좋아요. 특히 중국의 황허강은 세계 4대 문명 발상지 중 하나이고, 양쯔강은 세계에서 세 번째로 긴 강이랍니다.

중국의 넓은 땅을 최초로 통일한 사람은 진시황입니다. 진시황은 큰 나라를 통치하기 위해서 문자와 화폐를 통일하고, 북쪽의 침입을 막기 위해 만리장성을 쌓았어요. 총 길이 약 6,300킬로미터에 이르는 장대한 성벽은 중국 최대의 건축물로, 세계문화유산으로 등록되어 있지요. 그는 죽어서도 자신의 무덤을 지키는 병사를 거느리고 싶어 했어요. 그

래서 자신의 무덤에 실제 군사들의 모습과 크기를 그대로 본떠서 흙으로 만든 8천여 명의 군사 인형들을 함께 묻었어요. 이 진시황릉은 세계에서 가장 큰 개인 무덤입니다. 1974년 처음 발견된 이래로 현재도 발굴 중이고, 다 발굴하려면 앞으로도 백 년이 더 걸릴 것으로 예상한대요.

🌱 나라의 위치를 확인하고 색칠해 보세요.

🌱 나라와 수도를 따라 써 보세요.

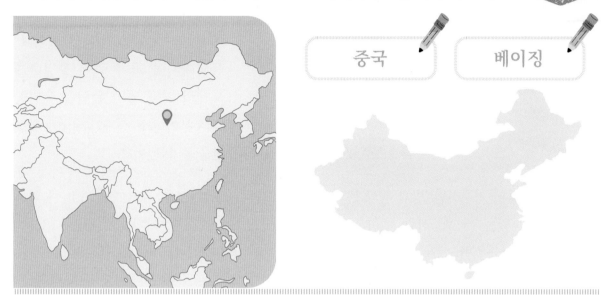

중국

베이징

 ✈ 어휘력
Pass

● 고원: 보통 해발 고도 600미터 이상에 있는 넓은 벌판.

 ✈ 퀴즈
Pass

1 중국 북부 지역에 서쪽에서 동쪽으로 흐르는 강으로, 세계 4대 문명 발상지 중 하나인 이 강의 이름은 무엇일까요? (   )

2 중국을 최초로 통일하였으며, 전국을 통치하기 위해 문자와 화폐 등을 통일한 인물입니다. 만리장성을 축조하고 세계에서 가장 큰 무덤을 가진 이 인물은 누구일까요? (   )

 중국인들은 정말 빨간색을 좋아하는 것 같아.

맞아. 옛날에는 높은 위치에 있는 사람만 빨간색을 입을 수 있었거든. 그래서 빨강이 부와 명예를 상징하게 됐대. 그리고 붉은색이 악의 기운을 물리치고 행운을 가져온다고 믿기 때문에 빨간색을 좋아한대.

BOARDING PASS **태국**
THAILAND

언어	타이어(공용어), 중국어, 말레이어
수도	방콕
인구	7,188만 명
종교	불교(93%), 이슬람교(5%) 등
면적	51만 3,100㎢ (한반도의 2.3배)

동남아시아의 중심에 있는 태국은 라오스, 미얀마, 캄보디아, 말레이시아와 국경을 접하고 있어요. 동남아시아 국가 중에 유일하게 외세의 지배 없이 독립을 유지한 나라입니다. 국민 대부분이 불교 신자인 태국에 가면 황금색으로 빛나는 여러 사원과 궁전을 볼 수 있어요.

역대 왕들이 거주하던 '방콕 왕국'은 태국 여행의 필수 코스이고요. 태국에서 가장 큰 와불상을 볼 수 있는 '왓 포', 사원 가운데 가장 높은 탑이 있는 '왓 아룬', 에메랄드 불상이 모셔져 있는 '왓 프라깨우' 등 모두 특색 있고 아름다워 관광객이 많이 찾는 곳이에요. 불교의 영향력이 매우 큰 태국은 승려가 절대적인 지위를 갖고 있대요. 승려는 국왕 앞에서도 절하지 않고, 오로지 부처님에게만 절을 한대요.

태국 길거리에서는 맛있는 음식을 저렴하게 먹을 수 있어요. 태국의 음식은 더운 나라 특유의 달고 짠맛, 톡 쏘는 매운맛, 눈을 질끈 감게 되는 신맛까지 다양한 미각을 자극하는 향신료와 재료들로 사랑을 받고 있어요. 대표적인 요리로는 새우를 넣은 새콤달콤한 국물 요리인 똠얌꿍, 볶음 쌀국수 팟타이, 파파야 샐러드 솜땀 등이 있어요.

쓰기력
Pass

🌱 나라의 위치를 확인하고 색칠해 보세요.　　🌱 나라와 수도를 따라 써 보세요.

태국　　　　방콕

아
시
아

어휘력
Pass

● 와불상: 누워 있는 부처상.

● 승려: 세속을 떠나 불교를 수행하는 사람.

퀴즈
Pass

1 태국의 국민 대부분이 믿는 종교입니다. 태국에는 이 종교와 관련된 아름다운 사원이 많습니다. 이 종교는 무엇일까요? (　　　　　)

2 동남아시아 국가 중 유일하게 외세의 지배 없이 독립을 유지한 나라는 어디 일까요? (　　　　　)

태국 수상 시장에서 사 온 선물이야.

와~ 수상 시장? 물 위에 있는 시장이란 말이야?

응. 태국은 강과 운하가 많아서 물 위 보트에 서 음식과 과일, 기념품들을 팔아.

역시 태국은 '물의 나라'가 맞네!

BOARDING PASS ✈ **필리핀**
PHILIPPINES

수도	마닐라
언어	영어 및 타갈로그어
인구	1억 1,910만 명
종교	로만가톨릭(81%), 기독교(11%), 이슬람교(6%) 등
면적	30만㎢(한반도의 1.3배)

7,500개 이상의 섬으로 구성된 필리핀은 식민지의 역사가 깊습니다. 마젤란의 발견 이후 스페인은 필리핀을 상업지역으로 활용하다 식민지로 지배하게 되었어요. 필리핀이라는 국가명도 스페인의 국왕 필립 2세의 이름에서 비롯된 것이라고 해요. 필리핀은 스페인의 식민지로 330여 년을 지낸 이후에도 미국의 식민지를 거쳐 제2차 세계대전 중에는 일본의 지배도 받았어요. 스페인의 영향으로 필리핀 국민 대부분은 가톨릭 신자이고, 스페인에서 유래된 성씨를 여전히 쓰는 사람이 많아요. 그리고 미국 지배의 영향으로 영어를 쓰지요.

필리핀을 여행하다 보면 특이한 대중교통 수단을 볼 수 있어요. '지프니'라고 불리는 미니버스인데요. 제2차 세계대전이 끝난 후 미군은 군용 지프를 필리핀에 두고 떠났어요. 이 군용 지프의 뒷좌석을 개조해 많은 사람이 탈 수 있도록 고치고, 지붕을 덧대고 화려하게 색을 칠해서 만든 차가 바로 '지프니'예요. 옛날에는 미군이 남겨둔 지프를 활용했지만, 오늘날에는 공장에서 다양한 색과 모양의 지프니를 생산한다고 해요.

필리핀의 보라카이 섬과 보홀 섬은 세계적인 휴양지입니다. 야자수가 늘어선 새하얀 모래와 에메랄드빛의 투명한 바다, 그리고 일몰 때 붉게 물든 노을이 아름답기로 유명하지요. 하지만 필리핀에는 여전히 정치적인 불안정, 부정부패, 빈부격차 등의 문제가 남아 있답니다.

🪴 나라의 위치를 확인하고 색칠해 보세요.   🪴 나라와 수도를 따라 써 보세요.

필리핀   마닐라

어휘력
Pass

● 지프: 사륜구동의 소형 자동차. 미국에서 군용으로 개발한 것으로 마력이 강하여 험한 지형에서도 주행하기가 쉬움.

● 부정부패: 바르지 못하고 타락함.

퀴즈
Pass

1 필리핀의 독특한 대중교통 수단으로, 군용차를 개조하고 화려하게 색칠해 만든 차를 무엇이라고 할까요? (   )

2 필리핀을 스페인의 식민지로 (   )년을 지낸 이후 (   ) 식민지 를 거쳐 제2차 세계대전 중에는 일본의 지배도 받았다.

필리핀에서 '지프니' 타봤는데, 특별한 경험이었어.

'툭툭'이도 타봤어?

이름 정말 귀엽네. 툭툭이는 뭔데?

보통 바퀴가 세 개고, 서너 명 정도 탈 수 있는 차야.

BOARDING PASS **멕시코**
MEXICO

언어 스페인어

종교 가톨릭(78%),
개신교(12%),
무교(11%) 등

수도 멕시코시티

인구 1억 2,938만 명

면적 196만㎢
(한반도의 9배)

'세계 3대 식량 작물'이 무엇인지 알고 있나요? 쌀과 밀, 그리고 옥수수입니다. 이 중 옥수수는 멕시코의 역사와 경제, 식문화 등에 아주 큰 영향을 미쳤어요. 여러분은 대표적인 멕시코 음식인 '타코'를 먹어본 적이 있나요? 타코는 옥수숫가루를 얇게 반죽해 구운 토르티야에 고기와 소스 등을 얹어 먹는 음식 이에요. 매콤한 고추와 토마토를 섞어 만든 칠리소스 역시 멕시코의 대표적인 음식 인데요. 타코의 재료가 되는 토르티야의 옥수수, 그리고 칠리소스의 고추 모두 멕시코에서 최초로 재배한 작물이라고 합니다.

프리다 칼로는 초현실주의 미술가이자 다수의 인상적인 자화상을 남긴 멕시코의 대표적인 화가 입니다. 그녀는 척추성 소아마비를 가지고 태어났고, 큰 교통사고로 인해 서른 번이 넘는 수술과 고비를 넘기며 작품 활동을 이어갔어요. 유명한 벽화 작가인 리베로 디에고와 결혼했지만 안타깝게도 결혼 생활은 평탄하지 못했어요. 그럼에도 불구 하고 파란만장한 인생을 꿋꿋이 버티며 독창 적인 작품을 남긴 그녀는 멕시코의 자랑이 되었 습니다. 멕시코 화폐에도 그녀의 작품과 얼굴이 남겨져 있어요.

멕시코의 '죽은 자의 날'은 일 년에 한 번, 세상을 떠난 이들이 사랑하는 가족과 친구들을 만나러 이승으로 온다고 믿는 날이에요. '죽은 자의 날'이 오면 멕시코 전역의 각 가정은 물론 공원 등의 공공장소에 해골 조형물과 뼈 모양 사탕, 빵, 초콜릿 등을 이용해 제단을 차려요. 죽음의 가치를 인정하고 이를 긍정적으로 바라보는 멕시코인들의 생각을 엿볼 수 있지요.

🌱 나라의 위치를 확인하고 색칠해 보세요.　　🌱 나라와 수도를 따라 써 보세요.

멕시코　　　　멕시코시티

아메리카

아
메
리
카

어휘력
Pass

● 파란만장: 사람의 생활이나 일의 진행에 여러 가지 복잡한 사정과 시련이 많고
　변화가 심함.

● 이승: 지금 우리가 살고 있는 세상.

퀴즈
Pass

1 얇은 토르티야에 고기와 소스 등을 얹어 먹는 멕시코의 대표적인 음식은
　무엇일까요? (　　　　)

2 옥수수와 고추를 최초로 재배한 나라는 어디일까요? (　　　　)

3 일 년에 한 번, 세상을 떠난 이들이 가족과 친구를 만나러 이승으로 온다고
　믿는 멕시코의 전통 명절은 무엇일까요? (　　　　)

멕시코에는 '옥수수의 날'이 있는 거 알아? 옥수수를
소중한 음식이자, 문화유산으로 생각해서 만든 날이래.

맞아, 멕시코인 한 명이 일 년 동안 소비하는
옥수수의 양이 336킬로그램에 달한대.

옥수수가 멕시코에 끼치는 영향이 대단하구나!

BOARDING PASS **미국**
UNITED STATES OF AMERICA

수도 워싱턴 D.C.

인구 3억 4,181만 명

면적 983만㎢(세계 3위, 한반도의 약 45배)

언어 영어

종교 개신교(47%), 가톨릭(21%) 등

미국은 50개의 주(State)와 1개의 독립 구로 이루어져 있습니다. 1개의 독립 구가 바로 미국의 수도 워싱턴 D.C.이고요. 각 주는 고유의 권한을 갖고 있기 때문에 제도와 세금, 법 등이 달라요. 미국의 50개 주에는 태평양에 위치한 하와이도 있고, 북아메리카 대륙 북서부 꼭대기의 캐나다와 접하고 있는 알래스카 주도 포함되어 있어요.

미국은 비교적 짧은 역사를 가진 나라임에도 불구하고 정치, 경제, 군사적 측면 모두에서 전 세계에 강력한 영향력을 끼치는 나라입니다. 이는 지리적인 축복이 큰 몫을 했어요. 온화한 기후와 넓은 평원, 자원이 넘치는 국토는 자연스럽게 인구가 늘고 도시가 발달하는 효과를 가져왔습니다. 태평양과 대서양 사이에 위치하고 있어서 교역을 하기에도 매우 유리하죠.

신대륙을 찾아 떠났던 콜럼버스가 발견한 대륙이 바로 아메리카 대륙입니다. 당시 그 땅에는 이미 원주민들이 살고 있었는데요. 유럽으로부터 건너온 수많은 이주민 때문에 원주민들은 터전을 잃고 강제 이주를 당했습니다. 이후 영국의 식민지로 지배를 받던 이곳은, 과도한 세금에 반발하며 1776년 7월 4일 미합중국으로 독립을 선언했지요.

미국이 독립을 이룬 지 100주년이 되었을 때, 프랑스 정부는 이를 축하하는 의미로 미국에 아주 큰 선물을 했어요. 바로 뉴욕 및 아메리칸 드림의 상징인 '자유의 여신상'입니다. 총 높이가 93.5미터, 무게가 225톤에 이르는 말 그대로 아주 큰 선물이었지요. 자유의 여신상은 머리에 7개의 대륙을 상징하는 뿔이 달린 왕관을 쓰고 있고, 왼손에 독립선언서, 오른손에 세계를 밝히는 이성의 빛을 상징하는 횃불을 높게 들고 있어요. 그리고 쇠사슬을 밟고 있는 발은 노예 해방을 상징한답니다.

🪴 나라의 위치를 확인하고 색칠해 보세요.　🪴 나라와 수도를 따라 써 보세요.

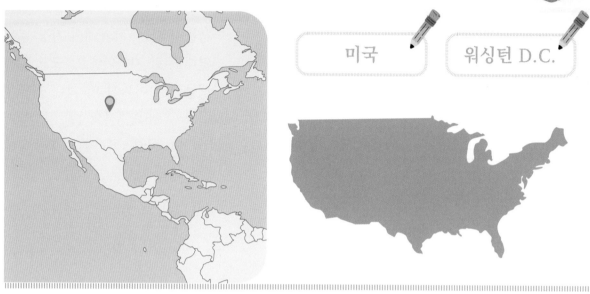

미국　　워싱턴 D.C.

아
메
리
카

어휘력
Pass

● 입법부: 법률 제정을 담당하는 국가 기관. 국회를 이르는 말.

● 행정부: 행정을 맡아보는 국가 기관. 정부를 뜻함.

● 사법부: 대법원 및 대법원이 관할하는 모든 기관을 통틀어 이르는 말.

퀴즈
Pass

1 미국은 몇 개의 주(State)로 이루어져 있을까요? (　　　　　)

2 미국이 영국으로부터 독립을 선언한 연도는 언제일까요? (　　　　　)

3 뉴욕의 상징이자, 프랑스가 미국의 독립 100주년을 축하하며 보낸 선물은 무엇일까요? (　　　　　)

뉴욕의 '자유의 여신상'을 만든 사람이 누군지 알아?

아~~ 이름이 뭐더라? 파리의 에펠탑도 만든 사람이랬는데.

맞아. 구스타브 에펠이야. 파리의 에펠탑과 뉴욕의 자유의 여신상은 모두 그분의 작품이야.

브라질
BRAZIL

수도 브라질리아

인구 2억 1,763만 명

면적 851만㎢(한반도의 약 37배)

언어 포르투갈어

종교 가톨릭(50%), 개신교(31%), 무교(10%) 등

아마존을 왜 '지구의 허파'라고 부를까요? 아마존은 엄청나게 다양한 생물이 사는, 세계에서 가장 넓은 열대 우림 지역이에요. 크고 작은 생물들로 이뤄진 이 거대한 숲은 지구에서 만들어지는 산소의 3분의 1을 생산하기 때문에 '지구의 허파'라고 불리는 것이지요. 아마존은 우리나라 넓이의 70배나 돼요. 남아메리카 여러 나라에 걸쳐 있을 정도로 크지요. 그중 60 퍼센트 정도가 브라질에 자리 잡고 있어요.

아마존이 이렇게 큰 숲을 가질 수 있는 것은 아마존강이 숲을 가로지르고 있기 때문이에요. 이 강에는 멸종 위기에 처한 분홍돌고래, 육식성 물고기인 피라냐, 전기 뱀장어들이 살고 있고요. 숲에는 세계에서 가장 큰 뱀인 아나콘다, 최상위 포식자인 재규어, 엄청난 크기의 자이언트 모기 등이 살고 있어요.

하지만 다양한 생명체가 살아가는 터전이자 지구에 산소를 공급하는 아마존이 빠른 속도로 줄어들고 있어요. 무분별한 벌목과 댐 건설, 기후 변화로 인한 화재, 가뭄 때문이지요. 우리 모두 환경 문제와 기후 변화에 대해 깊은 관심을 가져야 할 것 같아요.

'브라질' 하면 축구 얘기를 빼놓을 수 없죠. FIFA 월드컵 최다 우승국이자 전 세계에서 유일하게 역대 모든 월드컵의 본선에 진출한 나라예요. '축구 황제'라고 불리는 펠레와 호나우두, 그리고 호나우지뉴와 네이마르 등 셀 수 없이 많은 축구 스타를 배출하는 등 세계적으로 축구의 위상이 높은 나라랍니다.

🌱 나라의 위치를 확인하고 색칠해 보세요.

🌱 나라와 수도를 따라 써 보세요.

브라질　　　브라질리아

어휘력 Pass

● 멸종: 생물의 한 종류가 완전히 없어짐.

● 포식자: 다른 동물을 먹이로 하는 동물.　　● 벌목: 숲의 나무를 벰.

● 위상: 어떤 사물이 다른 사물과의 관계 속에서 가지는 위치나 상태.

퀴즈 Pass

1 지구에 엄청난 산소를 공급해 준다는 뜻을 가진 '아마존'의 별명은 무엇일까요? (　　　　)

2 '축구 황제'라는 별명을 가진 브라질의 축구 영웅으로 1,000골 이상을 넣은 전설적인 축구 선수의 이름은 무엇일까요? (　　　　)

이제부터 채식만 하는 멍이가 되기로 결심했어.

갑자기 무슨 소리야?

소를 사육하는 땅을 만들기 위해서 사람들이 아마존에 불을 질러 삼림을 태우고 있대.

나도 오늘부터 채식하는 냥이가 되어야겠군.

아메리카

아르헨티나는 남아메리카 대륙 남부에 자리 잡고 있는 나라예요. 남북으로 뻗어 있는 안데스산맥을 기준으로 서쪽은 칠레, 동쪽은 아르헨티나 국토이죠. 아르헨티나 국토 면적의 5분의 1에는 드넓은 초원 팜파스가 펼쳐져 있어요. 팜파스 개척 당시에는 주로 양을 키웠지만, 점차 양모 수요가 줄어 양 방목은 줄고 있고요. 최근에는 교통 발달과 냉동선 발명으로 소 사육이 늘었고, 농기계 발달에 힘입어 밀 재배지가 확대되는 추세라고 해요.

자연이 준 선물, 팜파스 덕분에 아르헨티나는 한때 손꼽히는 경제 대국이었어요. 사료를 주지 않아도 소들은 팜파스에서 자유롭게 풀을 먹을 수 있어서 사람의 노력도 적게 들었죠. 하지만 최근 아르헨티나는 경기 침체를 겪으며 높은 실업률과 빈곤을 기록하고 있다고 해요.

아르헨티나에서 가장 유명한 사람은 누구일까요? 아마도 리오넬 메시가 아닐까요? 아르헨티나 출신의 축구 선수 메시는 비교적 작은 체구를 가지고 있지만 어릴 때부터 뛰어난 실력으로 인정을 받았어요. 그는 FIFA 올해의 남자

선수상과 발롱도르상을 수차례 받으며 전 세계 축구팬을 열광시켰죠. 2022년 월드컵에서는 주장으로 뛰어 아르헨티나를 우승으로 이끌면서 국민 영웅이 되었죠.

🌱 나라의 위치를 확인하고 색칠해 보세요.　　🌱 나라와 수도를 따라 써 보세요.

아르헨티나　　부에노스아이레스

아
메
리
카

✈
어휘력
Pass

● 팜파스: 아르헨티나 부에노스아이레스를 중심으로 한 초원 지대. 안데스산맥 따위에 둘러싸여 있으며, 주로 소와 양의 방목, 밀 재배 등이 이루어짐.

● 실업률: 노동할 의사와 능력을 가진 인구 가운데 실업자가 차지하는 비율.

✈
퀴즈
Pass

1 남아메리카의 남북으로 길게 뻗어 있는 안데스산맥을 기준으로 동쪽에 있는 나라는 (　　　　), 서쪽에 있는 나라는 (　　　　)입니다.

2 아르헨티나에 넓게 펼쳐진 초원 지대를 이르는 말로, 이곳에서는 소와 양의 방목과 밀 재배가 주로 이루어집니다. 이 지대를 무엇이라고 할까요? (　　　　)

탱고가 아르헨티나 항구 도시에서 탄생한 음악이래.

음악? 탱고는 춤 아니었어?

탱고 음악에 맞춰 남자와 여자가 열정적인 춤을 추는 것까지, 즉 춤과 음악 모두 탱고라고 한대. 항구 도시에 사는 이민자들의 감정을 춤과 음악으로 분출한 예술이래.

BOARDING PASS **칠레**
CHILE

수도	산티아고
언어	스페인어
인구	1,965만 명
종교	가톨릭(54%), 개신교(14%), 무교(25%) 등
면적	75만 6,102㎢ (한반도의 3.5배)

칠레는 동서 방향으로는 좁고, 남북 방향으로 길게 뻗은 모양을 가졌어요. 만약 여러분이 칠레를 남북 방향으로 하루 동안 이동한다면 봄, 여름, 가을, 겨울 사계절을 한날 경험할 수 있지요. 그뿐만 아니라 위도에 따라 뜨거운 사막, 아직도 활동하고 있는 화산, 얼음이 꽁꽁 언 빙하까지 다양한 기후를 경험해 볼 수도 있어요. 한편, 동서 방향으로는 좁기 때문에 어느 지역에서 출발하든 2시간 이내로 바다에 도착할 수 있고요.

길게 펼쳐진 안데스산맥에서 뻗어져 나온 계곡 덕분에 칠레는 풍부한 수자원과 비옥한 평원을 갖고 있어요. 지진과 화산이 자주 일어나는 곳에 자리 잡고 있어서 간혹 피해가 발생하기도 하지만, 땅속 깊은 곳에 저장된 마그마에서 구리, 철, 은, 망간, 석탄 등의 풍부한 자원을 얻을 수 있답니다.

칠레의 이스터섬에는 바닷가를 바라보고 있는 887개에 달하는 아주 커다란 석상들이 있어요. '모아이 (Moai)'라고 불리는 얼굴 모양의 석상 인데요. 그 크기가 작은 것은 3미터, 큰 것은 20 미터까지 돼서 총 무게가 90톤에 이른다고 해요.

하지만 이스터섬에는 그 큰 석상을 운반할 만한 나무가 없기 때문에 항간에는 외계인이 석상을 만들었다는 우스갯소리도 있었어요. 아직도 '모아이'는 제작 방법과 이유가 밝혀지지 않은 채로 유네스코 문화유산에 등재되어 있어요.

🌱 나라의 위치를 확인하고 색칠해 보세요.   🌱 나라와 수도를 따라 써 보세요.

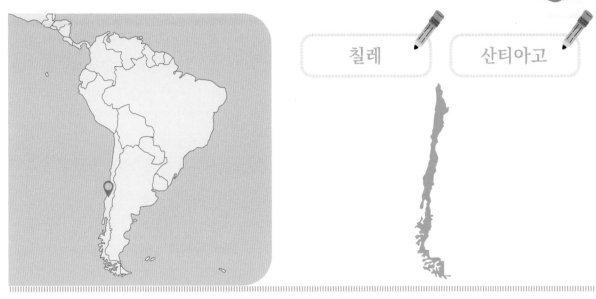

칠레   산티아고

아메리카

어휘력
Pass

● 항간: 일반 사람들 사이.

● 석상: 돌을 조각하여 만든 사람이나 동물의 형상.

● 등재: 일정한 사항을 장부나 대장에 올림.

퀴즈
Pass

1 세계에서 가장 긴 산맥으로 남아메리카의 칠레와 아르헨티나 사이에 위치한 산맥은 무엇일까요? (   )

2 땅속 깊은 곳에서 암석이 땅의 열로 인해 반 액체로 있는 상태이며, 이것이 땅 위로 분출할 시 용암이 되는 것은 무엇일까요? (   )

칠레 여행 가서 산티아고 순례길 트래킹에 도전해 보려고~

산티아고 순례길은 프랑스, 포르투갈 스페인에 걸친 장거리 도보 순례길이야. 칠레의 수도와 이름만 같다고~!

진짜?! 큰일 날 뻔했네.

BOARDING PASS **캐나다**
CANADA

수도	오타와
인구	3,910만 명
면적	997만㎢(세계 2위, 한반도의 약 45배)
언어	영어, 프랑스어
종교	가톨릭(32%), 개신교(31%), 무교(26%) 등

캐나다는 북극과 가장 가까운 나라 중 하나이고, 세계에서 두 번째로 국토가 큰 나라예요. 하지만 국토의 절반 이상이 숲과 빙하 등으로 이루어져 있고, 추워서 사람이 살지 않는 곳이 많아요.

캐나다 국기는 빨간색 바탕에 가운데 흰색 정사각형, 그 안에 빨간색 단풍잎이 그려져 있어요. 단풍잎 좌우의 빨간색은 태평양과 대서양을 상징합니다. 국기에 표현되어 있듯 캐나다는 태평양과 대서양을 양옆에 두고 있고, 단풍나무가 많기로 유명해요. 캐나다는 사계절 모두 아름답지만, 특히 가을이면 온 국토가 붉은 단풍으로 뒤덮여요. 800미터에 달하는 메이플로드는 그야말로 장관이죠. 여러분이 팬케이크를 먹을 때 듬뿍 뿌려 먹었던 달콤한 메이플 시럽은 캐나다의 단풍나무 수액으로 만들었을 가능성이 매우 크답니다.

캐나다는 영어와 프랑스어 두 개를 공식 언어로 사용해요. 56퍼센트는 영어를 모국어로 쓰고 21퍼센트는 프랑스어를 사용하거든요. 특히 캐나다의 퀘벡주는 프랑스어를 공식 언어로 채택해 사용하고 있답니다. 그 때문에 캐나다의 관공서의 문서와 안내 표지, 지폐 등에는 두 개의 언어가 동시에 쓰여 있어요.

🌱 나라의 위치를 확인하고 색칠해 보세요.

🌱 나라와 수도를 따라 써 보세요.

캐나다   오타와

어휘력
Pass

● 수액: 땅속에서 나무의 줄기를 통하여 잎으로 올라가는 액.

● 관공서: 나라의 일을 집행하는 국가 기관과 공공 단체 사무소 등.

● 채택: 작품, 의견, 제도 따위를 골라서 다루거나 뽑아 씀.

퀴즈
Pass

1 캐나다의 국토는 큰 대양 두 곳 사이에 있어요. 각각 어디일까요?
(   ), (   )

2 캐나다는 두 개의 언어를 공식으로 채택해 사용하고 있어요. 각각 무엇일까요? (   ), (   )

캐나다 여행 가면 나이아가라 폭포는 꼭 가야 해.

무슨 소리야. 난 미국 여행 갔을 때 나이아가라 폭포에 갔었는데?

나이아가라 폭포는 미국과 캐나다의 국경 사이에 있어. 그래서 양쪽 국경을 넘어서 보는 장관이 정말 기가 막혀!

BOARDING PASS ✈ **쿠바**
CUBA

언어 스페인어
종교 가톨릭(85%) 등

수도 아바나
인구 1,117만 명
면적 11만 860㎢
(한반도의 1/2)

쿠바는 북미 대륙과 중앙아메리카 사이 카리브해에 위치한 섬나라예요. 미국과 남아메리카 대륙 사이에 자리 잡고 있기 때문에 '아메리카 대륙의 열쇠'라고도 불리고, 대서양과 카리브해를 접하고 있어서 '카리브해의 진주'라는 별명도 가지고 있어요.

과거 쿠바는 스페인과 미국의 식민지였고, 각종 부정부패와 독재 정치로 인해 일반 국민들의 생활이 매우 궁핍했었어요. 그때 피델 카스트로와 체 게바라 등이 앞장서 민주주의 혁명을 이뤄냈어요. 하지만 점차 사회주의적 성격으로 정책이 바뀌며 결국 사회주의 국가가 되었지요. 그래서 지금은 세계에서 몇 개 남지 않은 사회주의 국가이며, 동시에 가장 오랫동안 사회주의 체제를 유지한 나라로 남아 있습니다.

하지만 1990년대에 들어서 소련과 다른 사회주의 국가들이 무너지자 경제를 점차 개방하고 있어요. 그리고 최근 2024년 2월, 드디어 우리나라와 공식적인 국교를 맺었어요.

수도 '아바나'에 가면 골목 곳곳에서 화려한 색의 올드카를 구경할 수 있어요. 관광객들의 시선을 사로잡는 올드카가 쿠바에 유난히 많은 이유는 뭘까요? 쿠바는 혁명 이후 미국과의 관계가 좋지 않았어요. 미국 자동차는 물론이고 부품조차 수입할 수 없게 됐었죠. 그래서 어쩔 수 없이 솜씨 좋게 고치며 관리했던 차들이, 지금에 와서는 쿠바의 훌륭한 관광상품이 되었다고 해요.

🌱 나라의 위치를 확인하고 색칠해 보세요.　　🌱 나라와 수도를 따라 써 보세요.

쓰기력
Pass

쿠바　　아바나

아메리카

어휘력
Pass

● 사회주의: 사유재산 제도를 폐지하고 생산 수단을 사회화하여 자본주의 제도의 사회적·경제적 모순을 극복한 사회 제도를 실현하려는 사상, 또는 그 운동.
● 국교: 나라와 나라 사이에 맺는 외교 관계.
● 수교: 나라와 나라 사이에 교제를 맺음.

퀴즈
Pass

1 쿠바는 대서양과 카리브해를 접하고 있어서 '(　　　　)의 진주'라는 별명을 갖고 있어요.

2 최근 쿠바는 (　　　　)에 우리나라와 공식적인 국교를 맺었어요.

축하 축하~ 쿠바가 한국의 193번째 수교국이 되었대.

맞아 맞아~ 2024년 2월 최신뉴스지. 쿠바랑 한결 가까워진 느낌이야.

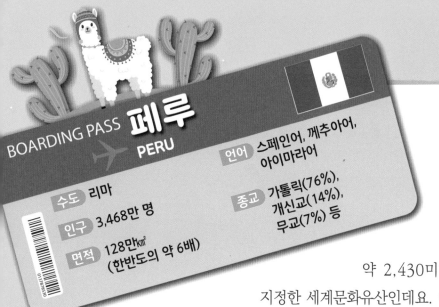

| 언어 | 스페인어, 께추아어, 아이마라어 |

수도	리마
인구	3,468만 명
면적	128만㎢ (한반도의 약 6배)

| 종교 | 가톨릭(76%), 개신교(14%), 무교(7%) 등 |

'태양의 도시', '공중 도시', '잃어버린 도시'와 같은 다양한 별명을 가진 이곳은 잉카 제국이 만든 도시, 마추픽추예요. 페루의 상징과도 같은 곳이죠. 해발 고도 약 2,430미터에 세워진 마추픽추는 유네스코가 지정한 세계문화유산인데요. 이렇게 높은 곳에 20톤이 넘는 돌들을 수십 킬로미터 밖에서 옮겨온 것도 신기하고, 모든 건물이 종이 한 장 들어가지 않을 정도로 정교하게 축조되었다는 것도 정말 믿기지 않을 정도예요. 당시 15세기는 문자, 철기, 화약은 물론 수레바퀴조차 없던 시절인데 말이죠.

마추픽추는 스페인의 대규모 학살에 쫓겨 숨어 지내던 사람들이 살던 도시예요. 산의 경사면 안쪽에 만든 도시여서 산 아래쪽에서는 보이지 않았죠. 그래서 공중에서만 확인할 수 있다고 해서 공중 도시라고 불렸고, 20세기 초까지 누구에게도 발견되지 않아서 잃어버린 도시라고 칭해졌습니다.

여러분은 감자 요리를 좋아하나요? 감자는 맛과 영양이 좋고, 식량으로서의 가치가 매우 훌륭한 음식이죠. 이 감자의 고향이 안데스산맥이에요. 그리고 감자가 우리나라에 전해진 것은 조선 시대였다고 해요. 페루의 수도 리마에는 '국제 감자 센터'가 있어요. 이곳은

5,000여 종에 달하는 전 세계 감자 품종을 보존하고 연구하는 곳이에요. 심지어 페루의 5월 30일은 '감자의 날'이랍니다. 어때요? 감자의 종주국답지요?

🌱 나라의 위치를 확인하고 색칠해 보세요.　　🌱 나라와 수도를 따라 써 보세요.

페루　　　　리마

아
메
리
카

어휘력
Pass

● 축조: 쌓아서 만듦.

● 학살: 가혹하게 마구 죽임.

● 종주국: 문화적 현상과 같은 어떤 대상이 처음 시작된 나라.

퀴즈
Pass

1 해발 고도 2,430미터에 세워진 잉카 제국이 만든 고대 도시의 이름은 무엇일까요? (　　　　)

2 '국제 감자 센터'가 있는 페루의 수도 이름은 무엇일까요? (　　　　　)

남아메리카 안데스 중부 지역을 다스렸던 고대 제국인 '잉카 제국'에 대해 들어봤어?

응, 잉카인은 건축 기술이 아주 훌륭하기로 유명했지.

맞아, 그런데 안타깝게도 스페인의 지배로 몰락해서 건축의 비밀을 밝히지 못했어.

오세아니아

Australia

Sydney

Canberra

Melbourne

New Zealand

PASSPORT

HOLI DAY

뉴질랜드
NEW ZEALAND

수도 웰링턴

인구 526만 명

면적 27만㎢(한반도의 1.2배)

언어 영어, 마오리어

종교 기독교(37%), 힌두교(3%) 등

뉴질랜드는 크게 북섬과 남섬으로 나누어져 있어요. 북섬에는 웰링턴과 오클랜드와 같은 대도시가 있어 인구의 75퍼센트가 살고, 남섬에는 빙하 지형을 비롯해 오염되지 않은 아름다운 장관이 펼쳐져 있어요.

뉴질랜드에는 유럽인들이 정착하기 전부터 원주민 마오리족이 살고 있었어요. 마오리족은 폴리네시아계 해양 종족으로 추정되며 용맹하기로 유명하지요. 마오리 전사들은 적들을 맞을 때, '하카(Haka)'라는 의식으로 상대방의 혼을 빼놓아요. 하카의 동작은 손으로 무릎을 치고, 눈을 부릅뜨고 혀를 빼 밀며 상대방을 위협하는 동작 등으로 이루어져 있어요. 이들은 유럽 이민자들과 갈등을 겪기도 했고 피해도 입었지만, 지금은 뉴질랜드만의 독특한 문화를 이루어 살고 있습니다.

호주와 마찬가지로 뉴질랜드도 오랜 시간 지리적으로 고립되어 있었기 때문에, 독특한 생물종을 가지고 있어요. 그중 새 종류의 '키위(Kiwi)'가 있는데요. 몸길이가 48~84센티미터 정도로 덩치가 크며, 조류지만 날개와 꼬리가 퇴화하여 날지 못합니다. 대신 부리가 길어서 땅속에 있는 지렁이나 곤충 등을 잡아먹어요. 한때는 멸종 위기에 처했지만, 지금은 개체 수가 늘어나고 있다고 해요.

쓰기력
Pass

🌱 나라의 위치를 확인하고 색칠해 보세요.　🌱 나라와 수도를 따라 써 보세요.

뉴질랜드　　　웰링턴

오세아니아

어휘력
Pass

- 폴리네시아: 태평양 중·남부에 펼쳐져 있는 여러 섬. 하와이 제도, 뉴질랜드, 이스터섬을 꼭짓점으로 하는 삼각 지대에 있으며, 산호초·화산 따위로 이루어져 있음.
- 퇴화: 진보 이전의 상태로 되돌아감.

퀴즈
Pass

1 뉴질랜드에 거주하던 원주민으로 용맹하기로 유명합니다. 이들은 '하카'라는 독특한 의식으로 적들을 맞이하며 상대방의 혼을 빼놓습니다. 이들 원주민을 무엇이라고 부를까요? (　　　　　)

세상에는 세 종류의 키위가 있어.

골드키위, 그린키위 말고 또 있어?

그게 아니라, 과일 키위, 뉴질랜드 토종새 키위, 그리고 뉴질랜드 사람을 일컫는 키위가 있지. 제1차 세계대전 참전국들이 뉴질랜드 사람들을 '키위'라고 부르기 시작했대.

BOARDING PASS

오스트레일리아
AUSTRALIA

언어 영어

종교 기독교(44%), 이슬람교(3%), 힌두교(3%) 등

수도 캔버라

인구 2,669만 명(2022년 기준)

면적 769만㎢(한반도의 35배, 세계 6위)

오스트레일리아는 지구 남반구에 위치하고 있어요. 그래서 우리나라와 계절이 정반대랍니다. 오스트레일리아에서는 눈이 내리는 크리스마스를 상상할 수 없지만, 한여름에 맞이하는 크리스마스를 즐길 수 있지요.

오스트레일리아는 매우 광활한 국토를 가지고 있지만, 내륙 지역은 대부분 비가 내리지 않는 사막과 초원 지역이에요. 이 초원 지역에서는 양과 소를 키우는 목축업이 발달했지요. 특히 전 세계 양의 30퍼센트는 오스트레일리아에 살고 있고, 양털 생산량은 세계 1위를 자랑할 정도랍니다.

오스트레일리아를 생각하면 가장 먼저 코알라와 캥거루가 떠오르죠. 이 밖에도 오리너구리, 웜뱃, 에뮤 등 오스트레일리아에서만 볼 수 있는 동물들이 있어요. 오스트레일리아는 오랜 세월 고립된 대륙이었기 때문에, 다른 곳에서는 볼 수 없는 이곳만의 독특하고 다양한 생물종이 발달했습니다.

하지만 안타까운 소식도 있어요. 오스트레일리아는 지난 2019년 가을부터 2020년 초까지 수개월 동안 지속된 거대한 산불로 인해 거의 대한민국 면적에 맞먹는 지역이 불탔어요. 화재로 인해 숲에 서식하고 있던 코알라도 전체의 30퍼센트가 줄었고, 코알라의 먹이인 유칼립투스 나무도 불탔다고 해요. 아름다운 오스트레일리아의 자연이 재해로 인해 훼손되었다고 하니 참으로 안타깝습니다.

🌱 나라의 위치를 확인하고 색칠해 보세요.

🌱 나라와 수도를 따라 써 보세요.

오스트레일리아   캔버라

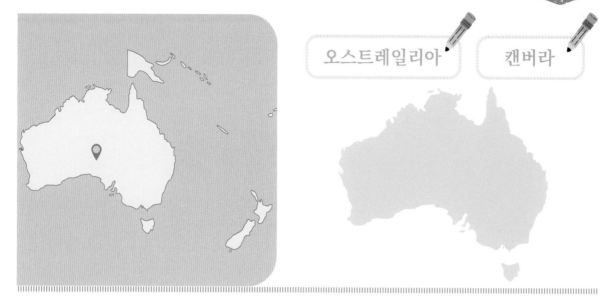

- 남반구: 적도를 경계로 지구를 둘로 나누었을 때의 남쪽 부분.
- 초원: 풀이 나 있는 들판.
- 목축업: 목축을 경영하는 직업이나 사업.

1 오스트레일리아는 지구의 (   )에 위치해 우리나라와 계절이 정반대예요.

2 전 세계 양의 (   )는 오스트레일리아에 살고 있고, 양털 생산량은 세계 (   ) 입니다.

> 오스트레일리아는 인구 밀도가 세계적으로 낮은 나라래.
> 내륙 지역은 사람이 살기 힘든 아웃백이고, 해안의
> 도시를 중심으로 인구가 모여 살기 때문이래.

> 우와~ 아웃백? 맛있는 아웃백에서 모여 지내지 않고 왜?

> 으이구~ 레스토랑 이름이 아니야. 아웃백은
> 오스트레일리아 내륙의 황무지를 이르는 말이라고.

〈정답〉 ①남반구 ②30퍼센트, 1위

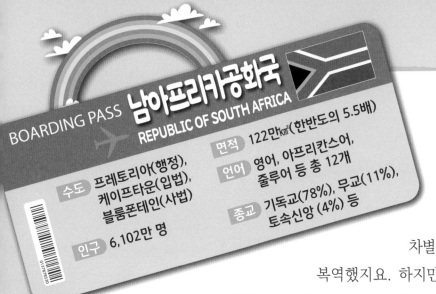

BOARDING PASS ✈ **남아프리카공화국**
REPUBLIC OF SOUTH AFRICA

수도	프레토리아(행정), 케이프타운(입법), 블룸폰테인(사법)
면적	122만㎢(한반도의 5.5배)
언어	영어, 아프리칸스어, 줄루어 등 총 12개
종교	기독교(78%), 무교(11%), 토속신앙 (4%) 등
인구	6,102만 명

남아프리카공화국 최초의 흑인 대통령이자, 세계적인 인권 운동가는 누구일까요? 바로 흑인 인권 운동가의 상징인 넬슨 만델라입니다. 그는 남아프리카공화국의 극심한 인종 차별 정책에 맞서 싸우다 감옥에서 27년이나 복역했지요. 하지만 이후 석방돼 노벨평화상을 수상하고 대통령으로 선출되기까지 파란만장한 인생을 살았어요. 그 덕분에 남아프리카공화국은 인종차별주의를 폐지했고 지금은 다양한 민족이 어울려 살아 '무지개의 나라' 라고 불리게 되었어요.

아프리카 최남단에 위치한 남아프리카공화국은 인도양과 대서양을 모두 접하고 있어 지역별로 다양한 기후 형태를 보입니다. 대도시 케이프타운과 희망봉은 관광도 발달해 있고요. 그곳에서는 펭귄도 만나 볼 수 있답니다. 아프리카 대륙은 더운 줄 만 알았는데 펭귄을 만나 볼 수 있다니 너무 신기하죠?

남아프리카공화국은 광업이 발달한 나라예요. 땅속 풍부한 지하 광물이 경제의 원동력이고, 전체 수출의 30퍼센트 비중을 차지해요. 다이아몬드는 세계 생산량의 66퍼센트를 차지하고, 금은 세계 매장량의 절반을 차지한다고 합니다. 엄청나죠?

🌱 나라의 위치를 확인하고 색칠해 보세요.　　🌱 나라와 수도를 따라 써 보세요.

남아프리카공화국

프레토리아
케이프타운
블룸폰테인

어휘력
Pass

● 복역: 교도소에 가두어 노동을 시키는 형벌.
● 석방: 법에 의하여 구속하였던 사람을 풀어 자유롭게 하는 일.

퀴즈
Pass

1 세계적인 흑인 인권운동가로 노벨평화상을 수상한 인물은 누구일까요?
　（　　　　　　）

2 석탄, 금, 다이아몬드, 우라늄 등 광물들을 채굴하는 산업을 무엇이라고
　할까요? （　　　　　）

3 다양한 민족과 종교가 어우러져 있는 남아프리카공화국을 이르는 말은 무엇
　일까요? （　　　　　　　）

남아프리카공화국의 수도가 어딘 줄 알아?

정답! 케이프타운!

3분의 1만 맞았어. 왜냐면 남아프리카공화국은 수도가
세 곳이거든. 케이프타운은 입법, 프레토리아는 행정,
블룸폰테인은 사법을 담당하는 수도야.

〈정답〉 ❶ 넬슨 만델라 ❷ 광업 ❸ 무지개의 나라

마다가스카르
MADAGASCAR
BOARDING PASS ✈

언어 말라가시어 및 프랑스어(공용어)

수도 안타나나리보

인구 3,105만 명

종교 토착신앙(52%), 기독교(41%), 이슬람교(7%)

면적 58만 7,041㎢ (한반도의 2.7배)

마다가스카르는 아프리카 대륙 남동쪽 인도양에 위치한, 세계에서 네 번째로 큰 섬나라입니다. 이곳에만 살고 있는 독특한 동식물이 많아서 '생태계의 보고'라고도 하지요. 전 세계의 생물 20만 종 중 75퍼센트는 이곳에서만 볼 수 있다고 해요. 마다가스카르에만 살고 있는 여우원숭이를 비롯해 색다른 모습의 파충류, 양서류들이 많습니다. 지금은 멸종됐지만 인류 문명이 시작된 이래 가장 거대했던 조류인 코끼리새도 이곳에 서식했었지요.

마다가스카르에 존재하는 가장 유명한 동식물 중 하나는 바오밥나무가 아닐까요? 바오밥나무는 세상에서 가장 크고 오래 사는 식물 중 하나예요. 무려 6천 년의 세월을 살아왔지요. 물이 부족한 기후에 적응해서 광합성을 할 때도 물을 조금만 사용하고, 기공도 아주 조금씩 열어 천천히 오래 자랍니다. 또한 물을 찾아 뻗어 나가는 튼튼한 뿌리를 갖고 있는 것이 장수의 비결이지요.

이러한 마다가스카르만의 독특한 생태가 생기게 된 이유는 무엇일까요? 인간이 지구에 존재하기도 전인 수천만 년 전, 지구의 지각 운동으로 인해 아프리카 대륙에서 땅이 분리되었는데요. 그 분리된 땅이 지금의 마다가스카르입니다. 그곳의 동식물은 수백만 년에 걸쳐 인간의 손이 닿지 않고 섬에서 고립된 채 진화를 거듭할 수 있었기 때문에 고유하면서도 독특한 생태가 생긴 것이랍니다.

🌱 나라의 위치를 확인하고 색칠해 보세요.

🌱 나라와 수도를 따라 써 보세요.

쓰기력
Pass

마다가스카르　　　안타나나리보

어휘력
Pass

● 보고: 귀중한 물건을 간수해 두는 창고.

● 서식: 생물 따위가 일정한 곳에 자리를 잡고 삶.

● 지각운동: 지구 내부의 원인 때문에 생기는 지각의 동요와 변형. 융기, 침강, 단층, 습곡, 조산 운동, 화산 활동, 지진 현상 따위.

퀴즈
Pass

1 마다가스카르에 서식하며 6천 년의 세월을 살아온, 세상에서 가장 크고 오래 사는 식물은 무엇일까요? (　　　　)

2 마다가스카르는 수천만 년 전 지구의 (　　　　)을 통해 아프리카 대륙에서 땅이 분리되어 만들어진 섬이에요.

콩콩~ 이 달콤한 냄새는 뭐지?

역시 멍이답구나! 마다가스카르 특산품인 바닐라 냄새야.

바닐라 아이스크림에 쓰는 그 바닐라 말이야?

응! 세계 생산량의 4분의 1이 마다가스카르에서 생산된대.

아프리카

BOARDING PASS ✈ **모로코**
MOROCCO

언어 | 아랍어, 아마지그어, 프랑스어(상용)

수도 | 라바트

인구 | 3,821만 명

면적 | 72만㎢ (한반도의 3.2배)

종교 | 이슬람교(국교)

모로코는 아프리카 대륙에 속해 있지만, 대서양과 지중해를 통해 유럽과 맞닿아 있는 지리적 특징 때문에 유럽 색이 짙은 나라예요. 그리고 아랍인이 인구의 60퍼센트를 차지하고 국민의 절대다수가 이슬람교를 믿어요. 모로코는 이런 지리적·사회문화적 특징 때문에 남부 유럽의 느낌을 갖고 있지만, 사막과 오아시스가 펼쳐지기도 하고, 미로 같은 시가지의 골목들 사이를 걷다 보면 이슬람 사원을 만나기도 하는 아주 이색적인 나라지요.

모로코는 아프리카의 대표적인 관광 대국이에요. 그 중 항구도시 카사블랑카는 바다 위에 지어진 '하산 2세 사원'이 유명합니다. 기도실 바닥이 유리로 만들어져 있어서 마치 바다 위에서 무릎 꿇고 기도하는 느낌이 든대요. 또한 고대 도시를 엿볼 수 있는 마라케시, 중세 모로코 왕족의 유적을 볼 수 있는 페스도 훌륭한 관광지랍니다.

그리고 무엇보다 사하라 사막은 모로코의 보석과도 같은 곳이죠. 사하라 사막은 아프리카 대륙 북부에 있는 가장 큰 사막지대예요. 아프리카 대륙의 3분의 1을 차지할 정도로 커서, 우주에서 바라보면 미국의 크기와 거의 비슷하다고 해요. 게다가 이곳은 지구상에서 가장 더운 곳이에요. 기온이 섭씨 58도까지 치솟기도 하는데, 연평균

강우량은 평균 7.5센티미터에도 못 미쳐서 잡초를 제외하고는 수목은 물론 생물이 살아갈 수 없는 곳이지요. 하지만 해 질 무렵 낙타의 등에 앉아 끝없이 펼쳐진 사막의 능선을 바라보기 위해 여행객들이 찾아 온다고 해요.

🌱 나라의 위치를 확인하고 색칠해 보세요.　　🌱 나라와 수도를 따라 써 보세요.

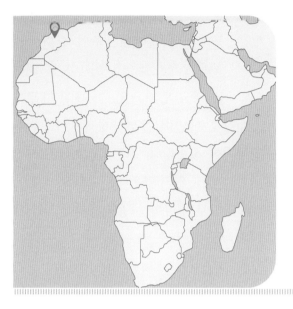

모로코　　　　라바트

✈ 어휘력
Pass

● 강우량: 일정 기간 동안 일정한 곳에 내린 비의 분량.

● 수목: 나무 식물을 통틀어 이르는 말.

● 오아시스: 사막 가운데에 샘이 솟고 풀과 나무가 자라는 곳.

아
프
리
카

✈ 퀴즈
Pass

1 아프리카 북서단에 위치한 모로코는 지구의 오대양 중 하나인 (　　　　)과 중동과 남유럽 사이에 위치한 바다 (　　　　)에 접하고 있습니다.

2 아프리카 대륙 북부의 거대한 사막지대로 지구상에서 가장 기온이 높은 곳 중 하나예요. 이곳은 어디일까요? (　　　　)

큰일 났어. 사하라 사막이 해마다 오만 제곱킬로미터씩 넓어지고 있대.

응? 왜 그런 일이 일어나는 거야?

기후 변화가 큰 원인이지! 과도한 가축 방목과 산림 파괴 때문에 사막화되는 속도가 빨라지고 있어서 걱정이야.

지금 당장 온실가스 배출을 줄일 방법을 알아봐야겠어!

〈정답〉 **1** 대서양, 지중해 **2** 사하라 사막

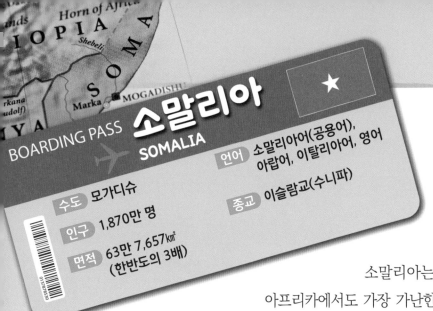

BOARDING PASS → **소말리아**
SOMALIA

★

수도 모가디슈
인구 1,870만 명
면적 63만 7,657㎢
(한반도의 3배)

언어 소말리아어(공용어),
아랍어, 이탈리아어, 영어

종교 이슬람교(수니파)

소말리아는 '세계에서 가장 위험한 국가' 중 하나로 분류되어 여행이 금지된 나라예요. 군인 집단들의 권력 투쟁으로 20년이 넘도록 내전을 겪고 있거든요. 이 내전 때문에 소말리아는 대규모 난민이 발생하게 되었고, 현재 아프리카에서도 가장 가난한 국가에 속합니다. 최근 UN의 보고서에 따르면 소말리아의 500만 명이 심각한 식량 위기를 겪고 있거나 기아로 최악의 상황을 맞고 있다고 해요. 가뭄으로 인한 기근과 보건 문제, 테러 등으로 영유아 사망률이 약 17퍼센트에 이른다고 하니 정말 보통 일이 아닙니다.

지중해와 인도양을 잇는 수에즈운하 항로를 이용하려면 소말리아 해역 아덴만을 거쳐야 해요. 그런데 무정부 상태로 경제가 완전히 붕괴된 소말리아는 이곳 바다에서 해적 활동을 벌였어요. 2011년 우리나라 배의 선원들도 이 해적들에게 인질로 붙잡혔던 적이 있었어요. 우리나라는 인질을 구하기 위해 군인을 긴급 파견했고, 성공적인 작전으로 한국인을 포함해 21명 전원을 안전하게 구출해냈어요. 이 사건은 '아덴만 여명 작전'이라고 해요. 다행히도 최근에는 유럽과 아시아를 오가는 운송선박들을 지키기 위해 각국이 해군을 동원하고 있기 때문에 이런 일이 거의 없어졌다고 해요.

🌱 나라의 위치를 확인하고 색칠해 보세요.　　🌱 나라와 수도를 따라 써 보세요.

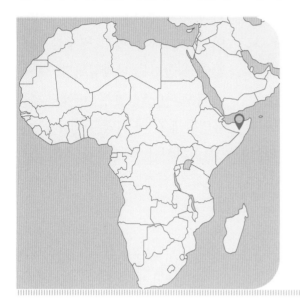

 소말리아

 모가디슈

어휘력 Pass

● 기근: 흉년으로 먹을 양식이 모자라 굶주림.　● 기아: 먹을 것이 없어 배를 곯음.

● 운하: 배의 운항이나 수상 운송의 편리, 수자원 관리 등을 위해 육지에 인공적으로 파 놓은 물길.

퀴즈 Pass

1 지중해와 인도양을 잇는 운하로, 유럽과 아시아를 오가는 배들의 운송 편리를 위해 파 놓은 인공적인 물길은 무엇일까요? (　　　　　)

2 2011년 소말리아 해적들에게 납치된 인질을 구출하기 위해 대한민국 군인이 소말리아 인근 아덴만 해상에서 벌인 작전은 무엇일까요? (　　　　　)

아프리카에는 내전으로 골머리를 앓은 나라가 많아. 제2차 세계대전 이후 강대국들이 제멋대로 국경을 나눴기 때문이지.

국경이 왜 문제가 돼?

한 국가 안에 여러 종족이 살거나, 한 종족이 다른 국가에 흩어져 살게 되니까 분란이 많이 일어나거든.

아프리카

BOARDING PASS ✈ **에티오피아**
ETHIOPIA

수도 아디스아바바
인구 1억 2,971만 명
면적 110만 4,300㎢
(한반도의 5배)

언어 암하라어, 영어
종교 에티오피아 정교(44%),
이슬람교(32%),
개신교(23%) 등

에티오피아는 '커피의 고향'이라고 일컬어져요. 커피의 발상지이며, 아프리카에서 원두를 가장 많이 생산하는 나라입니다. 특히 에티오피아의 남부인 예가체프 지역의 커피가 유명한데요. 이 지역은 해발 2,000~2,500미터의 고산지대로 연중 온화하지만, 일교차가 매우 커서 원두를 재배하기 좋은 환경을 가지고 있어요. 일교차가 클수록 생두가 더 단단해지고 조밀해져서 맛을 더 풍부하게 해주거든요.

이렇게 좋은 원두를 생산할 수 있는 자연조건을 갖추고 있음에도 불구하고 에티오피아는 경제적으로 낙후되어 있어요. 농부들은 자기 땅이 없어서 대기업이 소유한 농장에서 농사를 지어요. 그렇다 보니 생산지의 노동자들이 아무리 열심히 일해도 그 노동의 대가는 대기업과 유통업체가 가져가게 돼요. 그래서 최근에는 노동자에게 정당한 대가를 지불함으로써 그 지역이 지속적으로 발전하고, 그로 인해 생산자와 소비자가 모두 만족할 수 있는 윤리적인 무역을 점차 확대하고 있어요. 이런 무역의 형태를 '공정무역'이라고 하고, 이렇게 생산된 제품을 구매하는 것을 두고 '착한 소비'라고 하지요.

🌱 나라의 위치를 확인하고 색칠해 보세요.

🌱 나라와 수도를 따라 써 보세요.

✈ 쓰기력
Pass

에티오피아   아디스아바바

✈ 어휘력
Pass

● 생두: 가공(加工)하기 전의 커피콩. 열을 가해 조리하는 과정을 통해 생두를 볶으면 원두가 됨.

● 낙후: 기술이나 문화, 생활 따위의 수준이 일정한 기준에 미치지 못함.

아프리카

✈ 퀴즈
Pass

1 생산지의 노동자들에게 정당한 대가를 지불하는 과정을 통해 그 지역을 지속적으로 발전시켜 결국 생산자와 소비자가 모두 만족할 수 있게 하는 윤리적인 무역의 형태를 무엇이라고 할까요? (   )

최초의 인류 '루시(Lucy)'의 고향이 에티오피아래.

최초의 인류 화석, 오스트랄로피테쿠스?

응, 별명이 루시거든. 루시는 유인원 같은 얼굴에 키는 약 1미터였대. 직립보행을 하는 특징 때문에 인류의 가장 오래된 조상으로 꼽는대.

BOARDING PASS **이집트**
EGYPT

수도 카이로

언어 아랍어

종교 이슬람교 수니파(90%),
콥트 기독교(10%)

인구 1억 1,448만 명

면적 100만㎢(한반도의 약
5배, 국토의 95%가 사막)

이집트는 아프리카 대륙의 북동쪽 끝에 위치한 나라예요. 아프리카 대륙에 속해 있지만, 문화적으로는 아랍권, 중동지역으로 구분하지요. 이집트의 국토는 약 95퍼센트가 사막이에요. 그래서 인구 대부분이 나일강 주변에 모여 살아요. 나일강은 세계에서 가장 긴 강이라 물의 양이 풍부해요. 그 때문에 나일강 주변 땅은 비옥하고, 농사짓기에 적합하지요. 나일강은 고대 이집트 문명의 발상지이기도 해요.

피라미드와 스핑크스! 이집트 하면 떠오르는 대표적인 상징물이죠. 피라미드는 돌이나 벽돌을 쌓아 만든 사각뿔 모양의 거대한 건조물이에요. 고대 이집트의 국왕, 왕비, 왕족을 위해 지은 무덤의 한 형식이지요. 평균 2.5톤 무게의 돌이 230만 개나 쌓여 있는 피라미드를 그 당시에 어떻게 올리고 쌓았는지는 아직도 불가사의로 남아 있어요.

스핑크스는 사람의 머리와 사자의 몸을 가진 상상의 동물이에요. 사람의 머리는 지혜를, 사자의 몸은 힘을 상징한답니다. 이 모든 것은 왕의 권력을 상징하기 위해 만들어진 것이에요. 스핑크스는 이집트 곳곳에서 발견할 수 있지만, 그중 제4왕조 카프라 왕 스핑크스가 가장 오래되고 큰 것으로 알려져 있어요.

이집트 곳곳에서 발견되는 피라미드, 스핑크스와 미라 등은 고대 이집트의 왕 '파라오'에게 강력한 왕권이 있었음을 보여주는 증거예요.

🌱 나라의 위치를 확인하고 색칠해 보세요.   🌱 나라와 수도를 따라 써 보세요.

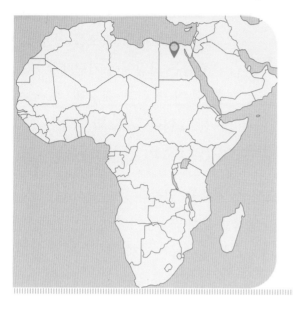

이집트   카이로

아
프
리
카

● 비옥: 땅이 기름짐.

어휘력
Pass

● 발상지: 역사적으로 큰 가치가 있는 어떤 일이나 사물이 처음 나타난 곳.

● 불가사의: 사람의 생각으로는 미루어 헤아릴 수 없이 이상하고 야릇함.

퀴즈
Pass

1 고대 이집트 문명의 발상지이며, 이집트 인구 대부분이 모여 사는 강의 이름은 무엇일까요? (   )

2 왕의 권력을 상징하기 위해 만들어진 건축물로, 사람의 머리와 사자의 몸을 가진 상상의 동물은 무엇일까요? (   )

3 강력한 왕권을 가졌던 고대 이집트의 왕을 이르는 말은 무엇일까요? (   )

이집트에 가면 기원전 3,000년경에 만든 미라를 볼 수 있대.

우와씨! 어떻게 만들었길래 아직도 보존될 수 있지?

당시 이집트인들은 영혼이 부활한다고 믿었대. 그래서 죽기 전의 모습을 그대로 남겨두기 위해서 시신을 나일강에 씻어서 70일에 걸쳐 정성스럽게 방부 처리를 했던 거래.

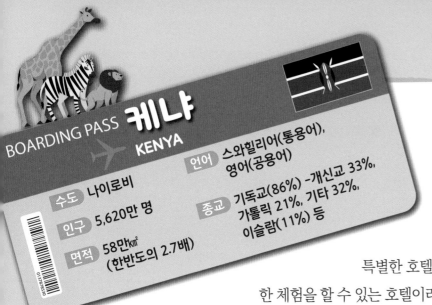

BOARDING PASS **케냐**
KENYA

수도	나이로비
인구	5,620만 명
면적	58만㎢ (한반도의 2.7배)
언어	스와힐리어(통용어), 영어(공용어)
종교	기독교(86%) -개신교 33%, 가톨릭 21%, 기타 32%, 이슬람(11%) 등

케냐의 '기린 호텔'에 대해 들어 본 적이 있나요? 자연 속에서 기린 개체도 보호하고, 숙소를 이용하는 사람들은 코앞에서 기린에게 먹이를 주며 기린과 교감할 수 있는 특별한 호텔이라고 해요. 어디에서도 할 수 없는 신기한 체험을 할 수 있는 호텔이라 인기가 최고겠죠.

케냐는 기린뿐만 아니라 사자, 코끼리, 버펄로, 코뿔소, 얼룩말, 임팔라 등이 서식하고 있는 세계 야생 동물의 보고입니다. 특히 케냐의 마사이 마라 국립 보호구역의 사파리 투어가 유명한데요. 지프차를 타고 가며 드넓은 초원에서 자연 그대로 사는 동물들을 가까이에서 볼 수 있고, 열기구를 타고 하늘에서 웅장한 초원을 내려다볼 수도 있어서 케냐를 찾는 관광객 상당수가 이곳을 방문하지요.

케냐는 지구의 중심을 지나는 적도 한가운데에 위치한 나라입니다. 케냐의 기후는 크게 북부의 건조 기후대와 남부의 사바나 기후대로 나뉘지요. 특히 사바나 기후는 비가 적게 오고 긴 풀이 무성하게 자라는 건조한 초원 지대입니다. 이런 기후는 초식 동물들의 낙원이 되고, 또한 이들을 먹이로 하는 육식 동물들도 살기 적합해 지구 최대 동물의 왕국이 됩니다.

케냐는 마라톤 강국으로 유명해요. 현재 마라톤 세계 최고 기록은 2023년 시카고 마라톤 대회에서 달성한 2시간 35초인데요. 이 기록은 케냐의 캘빈 킵툼이라는 선수가 세웠습니다. 케냐는 세계적인 마라톤 대회에서 가장 우승을 많이 한 국가이며, 세계적인 기록을 보유한 마라토너도 여럿인 나라입니다.

🌱 나라의 위치를 확인하고 색칠해 보세요.　　🌱 나라와 수도를 따라 써 보세요.

케냐　　　　나이로비

어휘력
Pass

● 보고: 귀중한 물건을 간수해 두는 창고.

● 사파리: 야생 동물을 놓아 기르는 자연공원에 자동차를 타고 다니며 차 안에서 구경하는 일.

퀴즈
Pass

1 지프차나 열기구를 타며 드넓은 초원에서 사는 야생 동물을 생생하게 볼 수 있는 곳으로, 케냐에 위치하고 있는 국립공원의 이름은 무엇일까요?
(　　　　　　　　　　)

2 적도를 중심으로 분포하는 열대우림의 주변에 주로 나타나며, 긴 풀이 무성하게 자라는 건조한 초원 지대의 기후는 무엇일까요? (　　　　　)

케냐에서 20만 마리에 달하는 얼룩말들이 대이동하는 장면을 TV에서 봤어.

진짜 멋있더라. 나중에 케냐에 가서 내 눈으로 직접 볼 거야.

먹이를 따라 이동하는 얼룩말 무리는 6월에서 7월 사이에 가면 볼 수 있다니까 꼭 기억해놔.

아프리카

수도 아테네
인구 1,030만 명
면적 13만 1,957㎢ (한반도의 2/3)
언어 그리스어
종교 그리스정교(국교, 97%), 기타(3%) 등

그리스는 유럽 남동부의 발칸 반도에 위치해, 지중해를 접하고 있는 나라예요. 지중해성 기후로 여름에는 온도가 높지만 습도는 낮고, 겨울에는 온화하지요. 산지가 많기 때문에 사람들은 주로 바닷가에 모여 살아요.

신들의 나라, 민주주의의 요람, 철학의 발상지, 올림픽의 발상지, 지중해의 보석! 이 말들은 모두 그리스를 한마디로 표현하는 말들이에요. 이처럼 그리스와 수도 아테네는 서구 문화의 뿌리가 되는 곳이에요. 아테네는 고대 그리스의 철학과 민주 정치, 예술, 건축 등의 수많은 문화유산을 남긴 그리스의 수도이자 최대 도시입니다. 수호 여신 아테나를 모시기 위해 지은 아크로폴리스의 파르테논신전, 시민들이 모여 나랏일을 의논하고 물건도 사고 팔았던 도시광장 아고라 등은 전 세계 관광객을 불러 모으죠. 특히 아고라에서 전 시민이 모여 나라의 중요한 일들을 결정했는데, 이것이 바로 민주주의의 시초가 되었습니다.

그리스 신화는 제우스, 헤라, 아폴로, 디오니소스, 포세이돈 등 다양한 신들의 흥미로운 이야기와 영웅담으로 가득 차 있어요. 그리고 이런 신화는 서양의 문학과 미술, 조각 등에 큰 영향을 미쳤죠. 또한 아테네가 문화의 중심지가 되면서 소크라테스와 플라톤, 아리스토텔레스 등 사상가들이 모여 그리스 철학이 꽃을 피우게 되었어요.

올림픽이 열리는 시기가 되면 그리스의 신전에서 태양으로 점화한 횃불을 올림픽 개최지까지 릴레이로 봉송합니다. 이 횃불은 개최지 경기장의 성화대에서 개회식부터 폐회식 날까지 계속 타오르는데요. 이것은 올림픽의 발상지가 고대 그리스이기 때문이에요. 그리스에서는 여러 도시 국가 간의 평화와 화합을 위해 올림픽을 열었다고 해요.

🌱 나라의 위치를 확인하고 색칠해 보세요.　🌱 나라와 수도를 따라 써 보세요.

쓰기력
Pass

그리스　　아테네

어휘력
Pass

● 요람: 사물의 발생지나 근원지를 비유적으로 이르는 말.
● 봉송: 유골, 성물(聖物) 따위를 정중히 운반함.

퀴즈
Pass

1 지중해성 기후는 겨울에는 온화하고, 여름에는 온도가 (높고 / 낮고) 습도가 (높다 / 낮다).

2 고대 그리스 철학과 민주주의, 신화와 예술, 건축 등의 발상지이며, 그리스의 수도인 이곳은 어디일까요? (　　　　)

3 시민들이 모여 나랏일을 의논하고 물건도 사고팔았던 아테네의 광장을 무엇이라고 할까요? (　　　　)

유럽

'자신의 무지를 깨닫고 진리를 찾으라'라고 주장한 그리스 철학자는 누구게?

정답! 소크라테스!

대단한데~ 그럼 철학자이자 수학자이기도 하고, 학생들을 양성하는 데 힘썼던 소크라테스의 제자는 누구게?

플라톤이지~ 플라톤은 아리스토텔레스의 스승이기도 해.

〈정답〉 ❶ 높고, 낮다 ❷ 아테네 ❸ 아고라

81

BOARDING PASS ✈ 네덜란드
NETHERLANDS

수도 암스테르담
인구 1,767만 명
면적 4만 1,865km²
언어 네덜란드어
종교 무교(58%), 가톨릭(17%), 신교(13%), 무슬림(6%) 등

네덜란드는 지리적 한계를 잘 극복하고 활용한 대표적인 나라입니다. 네덜란드의 수도 암스테르담은 원래 한적한 마을이었어요. 하지만 도시 계획을 통해 운하를 건설하면서 사람과 물건의 이동이 빈번해졌고, 17세기부터 네덜란드의 황금기를 이끈 도시가 되었어요. 지금까지도 암스테르담은 세계적인 금융과 무역 도시랍니다. 운하는 연중 강수량이 고르고, 하천 물 양의 변동이 적다는 특징 때문에 암스테르담을 번성한 도시로 만들 수 있었죠.

운하를 중심으로 건물이 좁고 다닥다닥하게 붙어 있는 것 또한 네덜란드의 지리적 특징 때문이에요. 땅을 파면 물이 나오는 데다 지반이 약해서 고층 건물을 짓기 어렵기 때문에 건물을 좁고 낮게 지은 것이죠.

네덜란드라는 이름은 '낮은 땅'이라는 뜻이래요. 국토 면적의 25퍼센트가 해수면보다 낮아서 바다를 메꾼 간척지로 국토를 넓혔죠. 네덜란드를 떠올리면 가장 먼저 생각나는 풍차도 물을 퍼내는 배수를 위해 사용된 것이라고 해요.

일교차와 연교차가 크지 않고 온화한 해양성 기후 덕분에 네덜란드는 낙농업이 발달했어요. 우리가 잘 알고 있는 튤립을 비롯한 화훼 산업과 채소를 수출하는 산업도 세계적으로 상위권을 차지하고 있답니다.

🌱 나라의 위치를 확인하고 색칠해 보세요.

🌱 나라와 수도를 따라 써 보세요.

네덜란드

암스테르담

어휘력
Pass

● 화훼: 꽃이 피는 풀과 나무 또는 꽃이 없더라도 관상용이 되는 모든 식물을 통틀어 이르는 말.

● 간척지: 바다나 호수 따위를 둘러막고 물을 빼내어 만든 땅.

● 낙농업: 젖소나 염소 따위를 기르고 그 젖을 이용하는 산업.

퀴즈
Pass

1 배 운항이나 수상 운송의 편리 등을 위해 육지에 인공으로 파 놓은 물길을 무엇이라고 할까요? (   )

2 해양성 기후는 일교차와 연교차가 (크고 / 작고) 온화하다는 특징을 갖고 있습니다.

전 세계에서 평균 키가 가장 큰 나라가 어디게?

북유럽 나라들이 크다는 얘긴 들었는데, 어느 나라야?

바로 네덜란드야. 2023년 조사에 따르면, 네덜란드 남자의 평균 키가 183.7센티미터, 여자는 170.4센티미터래.

BOARDING PASS ✈ **노르웨이**
NORWAY

수도	오슬로	언어	노르웨이어
인구	551만 명	종교	루터복음교
면적	38만 6,958㎢		

노르웨이는 북유럽의 스칸디나비아반도 서쪽 해안에 있는 나라예요. 노르웨이에는 160킬로미터에 달하는 세계에서 가장 긴 '피오르 해안'이 있어요. 피오르 해안은 빙하가 흘러내리면서 침식작용으로 U자형 계곡이 만들어지고, 이 계곡 안으로 바닷물이 들어와서 내륙 안에 만들어진 폭이 좁고 긴 해안이에요. 아름답고 독특한 풍광으로 관광지와 항구로도 활용되지요.

노르웨이에는 스칸디나비아반도에 살던 노르만족, 바이킹의 후예들이 살고 있습니다. 스칸디나비아반도는 추운 날씨와 척박한 땅으로 인해 농사를 짓기 힘들었어요. 노르만족은 점차 인구가 늘어 식량이 부족해지자 배를 타고 새로운 땅을 찾아 나섰어요. 이들이 바로 '바이킹'입니다. 과거 바이킹은 해적이라는 이미지가 강했어요. 하지만 오늘날에는 이들 덕분에 탐험과 무역이 발달하고 여러 나라의 문명 교류에 도움을 주었다고 평가하기도 해요.

해안에 위치한 만큼 노르웨이는 세계적인 어획량을 자랑해요. 우리 식탁에 오르는 연어의 대부분이 노르웨이산이랍니다.

🌱 나라의 위치를 확인하고 색칠해 보세요.

🌱 나라와 수도를 따라 써 보세요.

노르웨이   오슬로

✈ 어휘력 Pass

● 침식작용: 비, 하천, 빙하, 바람 따위의 자연 현상이 지표를 깎는 일.

● 후예: 자신의 세대에서 여러 세대가 지난 뒤의 자녀를 통틀어 이르는 말.

● 척박: 땅이 기름지지 못하고 몹시 메마름.

✈ 퀴즈 Pass

1 빙하 침식으로 만들어진 골짜기에 바닷물이 들어와서 생긴 좁고 긴 만으로, 노르웨이에서 볼 수 있는 해안을 무엇이라고 할까요? (   )

2 스칸디나비아반도에 살던 노르만족으로, 바닷길을 통해 유럽 각지로 진출했어요. 항해술이 뛰어나고 무역업을 발달시켰으나, 각지를 약탈했기 때문에 해적 이미지가 강해요. 이들은 누구일까요? (   )

유럽

애니메이션 '겨울왕국'의 아렌델 마을 기억나?

그럼! 깎아지른 눈 덮인 산에 둘러싸인 호수가 너무 아름다웠어.

아름다운 아렌델 마을이 노르웨이의 피오르 해안에서 영감을 얻은 거래.

아! 안나의 긴 망토와 트롤 요정까지 모두 노르웨이의 전통과 설화에서 비롯된 거였구나.

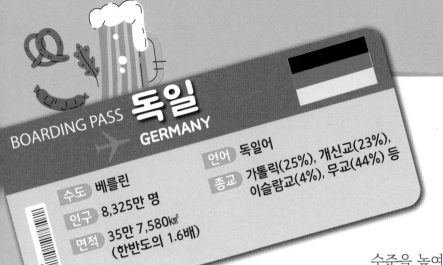

언어 **독일어**
종교 **가톨릭(25%), 개신교(23%),**
이슬람교(4%), 무교(44%) 등

수도 **베를린**
인구 **8,325만 명**
면적 **35만 7,580㎢**
(한반도의 1.6배)

독일은 예술과 철학, 과학 분야에서 위대한 업적을 남긴 인물이 많은 나라예요. 전 세계에 아름다운 음악을 남겨준 베토벤, 바흐, 바그너, 브람스. 그리고 문학의 수준을 높여준 괴테와 그림 형제. 세계적인 철학자 칸트와 헤겔, 니체는 물론이고, 서양 최초로 금속 활자 인쇄술을 발명한 구텐베르크와 상대성 이론의 물리학자 아인슈타인도 모두 독일 출신입니다.

'맥주의 나라' 독일에서는 해마다 10월이 되면 옥토버페스트 축제를 열어요. 독일은 세계 1위의 맥주 소비국이고, 생산하는 맥주 종류만 4,000종이 넘는다고 해요. 물 대신 맥주를 마신다고 할 정도로 맥주를 많이 생산하고 소비하는데요. 사실 그 이유는 깨끗한 식수가 부족했기 때문입니다. 독일은 소시지의 천국이기도 하죠. 독일 사람들은 고기를 소시지의 형태로 만들어 즐겨 먹어요. 그래서 소시지의 고기 재료도 다양하고 지역별로 소시지를 만드는 방법과 크기도 각양각색이죠.

독일 축구는 유럽 최강팀 중에 하나랍니다. 독일 축구 대표팀을 칭할 때 '전차군단'이라고 표현하는데요. 빈틈없는 수비와 힘 있는 경기력, 뛰어난 조직력 때문에 생긴 별명이죠.

독일은 아주 쓰라린 역사를 가지고 있어요. 1, 2차에 걸친 세계대전에서 주변국은 물론 세계 여러 나라에 상처를 남겼기 때문이에요. 하지만 과거에 대한 반성에 끊임없는 노력을 기울이고, 다시는 끔찍한 역사가 반복되지 않도록 철저한 교육을 해서 지금은 신뢰를 회복했어요.

🌱 나라의 위치를 확인하고 색칠해 보세요.

🌱 나라와 수도를 따라 써 보세요.

쓰기력
Pass

독일

베를린

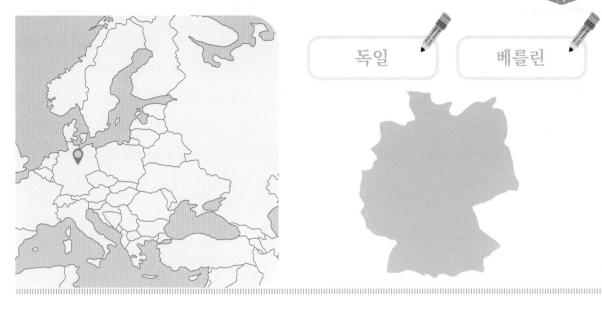

어휘력
Pass

● 철학: 인간과 세계에 대한 근본 원리와 삶의 본질 따위를 연구하는 학문.

● 금속 활자: 납이나 구리 따위의 금속에 문자나 기호를 볼록 튀어나오게 새긴 것.

퀴즈
Pass

1 독일에서 매년 10월마다 열리는 맥주 축제의 이름은 무엇일까요?
(   )

2 빈틈없는 수비와 힘 있는 경기력, 뛰어난 조직력을 가진 독일 축구 대표팀을
이르는 표현은 무엇일까요? (   )

독일도 우리나라처럼 분단국가였다며?

제 2차 세계대전 후 동과 서로 나뉘어서,
높고 긴 콘크리트 장벽을 세웠던 분단국가였지.

그런데 어떻게 다시 통일된 거야?

1990년 11월 9일 동독의 여러 사회적 문제로 서독으로의 여행 자유화 계획이
발표됐어. 그러자 수많은 군중이 베를린 장벽으로 모여들었고 결국 장벽을
망치로 부수면서 동과 서를 나누던 콘크리트 장벽이 와르르 무너졌지.

BOARDING PASS **러시아**
✈ RUSSIA

| 언어 | 러시아어 |

| 수도 | 모스크바 |

| 종교 | 러시아 정교, 이슬람교, 가톨릭, 기독교, 유대교 등 |

| 인구 | 1억 4,395만 명 |

| 면적 | 1,709만㎢(세계 1위, 미국의 1.8배) |

아시아에서부터 동유럽에 걸쳐 넓게 펼쳐진 러시아는 세계에서 가장 큰 국토를 가진 나라예요. 국토가 얼마나 큰지 동쪽에서 서쪽 지역까지 시차가 11시간이나 되고, 10개의 국가와 국경을 마주하고 있어요. 시베리아 횡단 철도라고 들어 본 적 있나요? 모스크바에서 블라디보스토크를 잇는 철도인데 총 길이가 9,334킬로미터로 지구 둘레의 4분의 1에 가깝고, 6박 7일을 달려야 종착역에 도착할 수 있다고 하니 그 크기가 어마어마하지요? 그뿐만이 아니에요. 바이칼 호수는 세계에서 가장 오래되고 깊은 호수로 전 세계 담수량의 20퍼센트를 차지한다고 해요.

러시아는 제1차 세계대전 참전 이후 경제적으로 어려움을 겪었어요. 이에 1917년 2월과 10월, 두 차례에 걸쳐 노동자들이 앞장선 혁명이 일어났는데요. 이를 통해 1922년 소비에트 사회주의 연방공화국이 세워졌어요. 이후 공산화 정책과 제2차 세계대전을 치르며 국력이 약해졌지만, 1950년대부터 경제가 회복되면서 미국과 더불어 초강국이 되어 '냉전 시대'를 이끌기도 했었죠. 하지만 날로 피폐해지는 경제와 관료들의 부패, 또한 각 공화국에서 민족주의 독립운동이 일어나면서 1991년 소비에트연방(소련)은 결국 해체되고, 지금의 러시아가 되었어요.

러시아의 발레는 세계 최고의 수준을 자랑해요. 러시아의 작곡가 차이콥스키가 만든 〈백조의 호수〉, 〈호두까기 인형〉, 〈잠자는 숲속의 미녀〉 등 음악을 바탕으로 한 발레 작품은 여전히 전 세계인으로부터 큰 사랑을 받고 있어요. 문학에서는 천재 시인 푸시킨이 러시아 국민 문학을 형성했고, 뒤를 이어 〈죄와 벌〉, 〈카라마조프의 형제〉의 작가 도스토옙스키, 〈전쟁과 평화〉, 〈안나 카레니나〉를 쓴 톨스토이 등이 20세기 세계 문학에 영향을 끼쳤답니다.

🌱 나라의 위치를 확인하고 색칠해 보세요.　　🌱 나라와 수도를 따라 써 보세요.

쓰기력
Pass

러시아　　　　모스크바

어휘력
Pass

● 담수: 강이나 호수 따위와 같이 염분이 없는 물.

● 냉전: 제2차 세계대전 이후 미국과 소련을 중심으로 한 자본주의와 공산주의의
　　대립을 뜻함.

퀴즈
Pass

1 세계에서 가장 깊고, 러시아에서 가장 큰 호수는 어디일까요? (　　　　　　)

2 러시아를 횡단하는 세계에서 가장 긴 철도는 무엇일까요? (　　　　　　)

3 제2차 세계대전 후 미국과 소련을 중심으로 한, 자본주의와 공산주의의 대립
　관계가 지속되던 시대를 이르는 말은 무엇일까요? (　　　　　　)

유럽

우크라이나와 러시아의 전쟁 때문에 걱정이야.

맞아, 2022년부터 시작됐는데 여전히
끝날 기미가 없어서 큰일이야.

전쟁이 계속되면서 인명 피해가 크고,
세계 경제도 위축됐대.

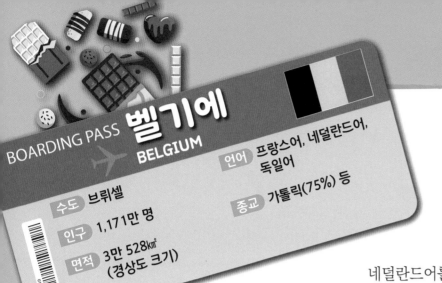

BOARDING PASS **벨기에**
BELGIUM

언어	프랑스어, 네덜란드어, 독일어
수도	브뤼셀
종교	가톨릭(75%) 등
인구	1,171만 명
면적	3만 528㎢ (경상도 크기)

벨기에의 수도 브뤼셀은 유럽 연합(EU) 본부가 있는 국제적인 도시랍니다. 다양한 민족의 문화가 혼합되면서 독특한 벨기에만의 문화를 탄생시켰죠. 프랑스어와 네덜란드어를 사용하는 각 지역의 독특한 특색도 느껴볼 수 있고요.

벨기에는 작은 나라지만 아기자기한 즐길 거리가 많은 나라예요. 브뤼셀의 대표적인 건축물 '그랑 플라스'는 유럽에서 아름답기로 손꼽히는 광장이에요. 고딕 양식과 바로크 양식이 어우러진 이곳은 프랑스의 작가 빅토르 위고가 '세계에서 가장 아름다운 광장'이라고 표현했지요. 브뤼셀을 상징하는 대표하는 상징물로 '오줌싸개 동상'도 빼놓을 수 없죠. 비록 60센티미터 정도의 작은 청동상이지만 관광객이라면 누구나 꼭 들르는 명소입니다.

벨기에는 초콜릿을 사랑하는 사람들에게는 낙원과도 같은 곳이에요. 벨기에의 유명한 초콜릿과 과자 회사들은 관광객들에게 개방되어 있어요. 이곳에서는 초콜릿 제조 과정을 견학할 수도 있고,

직접 초콜릿을 만들고 시식도 할 수 있어서 어린이들에게 인기가 좋답니다. 벨기에는 목관악기 색소폰의 고향이기도 해요. 벨기에의 지폐에는 색소폰 그림과 발명가 아돌프 삭스의 초상화가 그려져 있을 정도로 색소폰이 많은 사랑을 받았죠. 비록 지금은 유로화로 화폐가 통일되면서 벨기에 지폐가 사라졌지만요.

🌱 나라의 위치를 확인하고 색칠해 보세요.　🌱 나라와 수도를 따라 써 보세요.

벨기에　　　브뤼셀

어휘력
Pass

● 고딕 양식: 12세기 중엽 건축 양식. 성당 건축의 전형으로 아치와 하늘 높이 치솟은 뾰족한 탑이 특징

● 바로크 양식: 16~18세기 유행한 예술 양식. 극적인 공간 표현, 풍부한 장식이 특징.

퀴즈
Pass

유럽

1 유럽연합 본부가 있는 벨기에의 수도 이름은 무엇일까요? (　　　　)

2 약 60센티미터 정도의 작은 청동상이지만 관광객들이 꼭 들르는 브뤼셀의 대표적인 상징물은 무엇일까요? (　　　　)

브뤼셀 여행 갔다 못 돌아올 뻔했어.

왜? 무슨 일 있었어?

초콜릿 박물관 갔다가 발길이 안 떨어져서. 수백 가지 초콜릿 천국에서 도저히 나올 수가 없었다니까.

BOARDING PASS
스웨덴
SWEDEN

언어	스웨덴어
종교	루터교(국교 60%) 등
수도	스톡홀름
인구	1,067만 명
면적	44만 9,964㎢ (한반도의 약 2배)

스웨덴은 복지가 뛰어난 국가로 잘 알려져 있어요. 대학까지 무상 교육을 실시하고 있으며, 다양한 사회 복지를 강력하게 제공하는 나라입니다. 동시에 이에 따르는 높은 세금 부담률도 스웨덴의 또 다른 특징이죠.

스웨덴은 북유럽에서 영토가 가장 큰 국가입니다. 이중 라포니안 지역은 대표적인 툰드라 기후 지역인데요. 툰드라는 북극해 연안에 펼쳐져 있는 벌판으로 연중 대부분이 눈과 얼음으로 덮여있지만, 여름 동안 짧은 식물들이 자라서 순록 유목이 가능한 곳을 말해요. 라포니안은 지리학적, 생태학적 의미가 크고 자연 경관 또한 보존 가치가 높아 자연 보호 지역으로 지정되어 있어요. 그리고 이곳은 조상 대대로 정착해서 살고 있는 사메족의 거주 지역인데요. 약 7만 명으로 추산되는 사메족은 순록 무리를 이끌고 숲과 호수를 찾아 이동 생활을 하며 고대 인류 사회의 모습을 보여줍니다.

스웨덴은 자동차, 중장비, 운송 수단의 주요 수출국이에요. 제약산업과 임업도 발달해 있습니다. 또한 우리에게 잘 알려져 있는 가구 및 생활용품 제조 기업인 이케아도 스웨덴의 대표적인 브랜드 중 하나죠.

쓰기력
Pass

🪴 나라의 위치를 확인하고 색칠해 보세요.　　🪴 나라와 수도를 따라 써 보세요.

스웨덴　　　　스톡홀름

어휘력
Pass

● 무상교육: 교육을 받는 학생에게 경제적 부담을 주지 않고 무료로 실시하는 교육

● 임업: 각종 임산물에서 얻는 경제적 이윤을 위하여 삼림을 경영하는 사업.

● 추산: 짐작으로 미루어 셈함.

퀴즈
Pass

1 연중 대부분은 눈과 얼음으로 덮여있지만, 여름 동안에는 짧은 식물들이 자라며 주로 북극해 연안에 펼쳐져 있는 기후를 무엇이라고 할까요? (　　　　)

2 스웨덴의 대표적인 툰드라 기후 지역은 어디일까요? (　　　　)

유럽

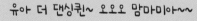

유아 더 댄싱퀸~ 오오오 맘마미아~~

많이 들어본 노래인데... 노래 실력이 너무 엉망이라 못 알아듣겠어.

너무하네~ 스웨덴 출신의 전설적인 팝 그룹 아바(ABBA)의 노래 부르고 있잖아.

아! 알지. 뮤지컬 맘마미아에서 나온 곡들이구나.

BOARDING PASS ✈ **스위스**
SWITZERLAND

언어	독일어, 프랑스어, 이탈리아어, 로망슈어
수도	베른
인구	885만 명
종교	가톨릭(34%), 무교(31%), 개신교(22%) 등
면적	4만 1,285㎢ (한반도의 약 1/5)

흰 눈이 포근하게 덮여있는 스위스는 알프스산맥과 수많은 자연 호수로 아름다운 자연 경관을 가진 나라예요. 특히 알프스산맥에서 가장 높은 봉우리인 '융프라우'는 구름 속의 만년설로 뛰어난 풍광을 자랑하죠. 하얀 설경 속, 빨간 산악 열차를 타고 융프라우로 향해 가는 장면은 상상만 해도 즐거워요.

스위스에는 많은 주요 국제 기구가 자리 잡고 있어요. 국제 도시인 제네바에는 국제연합(UN)과 세계보건기구(WHO), 세계기상기구(WMO), 국제 노동기구(ILO), 국제적십자위원회(ICRC), 국제연합아동기금(UNICEF) 등 22개의 국제기구가 있고요. 취리히에는 국제축구연맹(FIFA)이,

수도 베른에는 만국우편연합이 있어요. 이렇게 많은 국제기구와 비정부기관 등이 모두 스위스에 모이게 된 이유는 무엇일까요? 먼저 스위스는 지리적으로 유럽의 중앙에 자리잡고 있기 때문입니다. 그리고 수많은 전쟁을 치렀던 유럽의 오랜 역사 속에서도 스위스는 어떤 전쟁에도 참여하지 않았던 영세중립국이기 때문입니다.

스위스는 어떤 언어를 쓸까요? 스위스의 공용어는 무려 4가지나 됩니다. 스위스는 다민족이 뒤섞여 살면서 인접한 국가들의 언어인 독일어와 프랑스어, 이탈리아어, 로망슈어라는 4개의 언어를 공식적으로 사용합니다. 세계적인 관광지답게 영어를 구사하는 사람도 많고요. 그래서 스위스 사람들은 2개 이상의 언어를 쓸 줄 아는 사람이 상당히 많다고 해요. 또 제품 설명서나 공식 문서에는 3개의 언어가 동시에 쓰여있고, 극장의 영화 자막도 독일어와 프랑스어를 함께 표기한다고 합니다.

🌱 나라의 위치를 확인하고 색칠해 보세요.　　🌱 나라와 수도를 따라 써 보세요.

쓰기력
Pass

스위스　　　　　베른

어휘력
Pass

● 만년설: 아주 추운 지방이나 높은 산지에 언제나 녹지 아니하고 쌓여 있는 눈.

● 영세중립국: 전쟁이나 군사 동맹에 관여하지 아니함으로써 국제법상 독립 유지와 영토 보전을 보장받는 국가.

퀴즈
Pass

1 만년설이라는 아름다운 자연환경을 자랑하는 관광 명소로, 알프스산맥의 가장 높은 봉우리 이름은 무엇일까요? (　　　　)

2 국제연합(UN)과 세계보건기구(WHO), 세계기상기구(WMO), 국제노동기구(ILO) 등의 국제기구가 있는 스위스의 국제도시 이름은 무엇일까요?
(　　　　)

스위스에 가면 꼭 '퐁뒤'를 먹어보고 싶어.

퐁뒤? 그게 뭔데?

긴 꼬챙이에 고기와 빵, 과일 등을 끼워서 녹인 치즈에 푹 찍어 먹는 스위스 음식이야.

맛있는 고기와 빵에, 녹인 치즈까지? 생각만 해도 행복한 맛이다.

유럽

스페인
SPAIN

수도	마드리드	언어	스페인어, 카탈루냐어 등
인구	4,747만 명	종교	가톨릭(55%), 무교(28%) 등
면적	50만 5,370㎢ (한반도의 약 2.3배)		

여러분은 스페인어가 세계에서 두 번째로 많이 사용되는 언어라는 것을 알고 있나요? 1492년 스페인의 후원을 받은 콜럼버스가 항해를 떠나 아메리카 대륙을 발견했는데요. 스페인이 아메리카 대륙 곳곳을 정복하기 시작하면서 스페인어가 널리 쓰이게 되었습니다.

스페인의 바르셀로나에는 무려 140여 년에 걸쳐 짓고 있는 성당이 있어요. 바로 천재 건축가 안토니오 가우디가 설계한 '사그라다 파밀리아 성당'이에요. 곡선의 아름다움과 환상적이고 독특한 형태, 빛의 아름다움이 잘 표현된 건물로 널리 알려졌는데요. 가우디 서거 100주년을 맞는 2026년까지 완공할 예정이라고 하니, 곧 완성된 가우디의 작품을 만날 수 있겠네요.

만약 스페인을 여행하게 된다면 점심과 저녁 식사는 늦게 먹는 것이 좋아요. 스페인은 더운 기후 때문에 '시에스타'라는 낮잠 문화가 있거든요. 그래서 점심 식사는 2시 이후, 저녁 식사는 8시 이후에 주로 한답니다.

스페인은 삼면이 바다로 둘러싸여 해산물 식재료가 다양하고, 여러 민족의 문화가 섞인 덕분에 음식 문화가 매우 발달해 있어요. 그중 돼지 뒷다리를 소금에 절여 천장에 매달아 건조하는 음식이 있어요. 바로 하몬이에요. 와인과 곁들여 먹거나 샌드위치, 비스킷과 먹으면 별미지요. 넓고 얕은 팬에 해산물과 쌀을 넣고 볶아, 향신료 샤프란으로 맛을 낸 빠에야도 스페인의 유명한 음식이랍니다.

쓰기력
Pass

🌱 나라의 위치를 확인하고 색칠해 보세요.　　🌱 나라와 수도를 따라 써 보세요.

스페인　　　마드리드

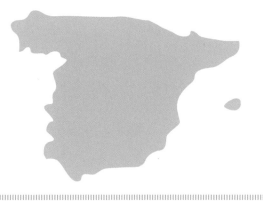

어휘력
Pass

● 후원: 뒤에서 도와줌.

● 항해: 배를 타고 바다 위를 다님.

● 서거: '죽어서 세상을 떠남'의 높임말.

퀴즈
Pass

1 사그라다 파밀리아 성당을 설계한 세계적인 건축가의 이름은 무엇일까요?
（　　　　　　　）

2 지중해 연안과 라틴아메리카 등에서 발달한 낮잠 풍습은 무엇일까요?
（　　　　）

유럽

올라~! 이번 여행 준비하면서 스페인어 좀 배워볼까?

남아메리카 일주 여행인데 스페인어는 왜?

남아메리카에는 스페인어를 쓰는 나라가 21개나 되거든.
스페인어 알면 아주 유용해~!

BOARDING PASS **아이슬란드**
ICELAND

수도 레이캬비크

인구 37만 명

면적 10만 3,000㎢
(한반도의 1/2)

언어 아이슬란드어

종교 루터교(81%),
레이캬비크자유교회(2%),
가톨릭(2%) 등

불과 얼음의 땅 아이슬란드는 북유럽에 있는 섬나라예요. 지리적으로 유라시아판과 북아메리카판이 마주치는 곳이라 화산 활동이 활발하고, 지열 작용도 거대한 로 이루어지는 곳이죠. 이 섬나라를 따라 둥글게 펼쳐진 1번 도로를 '링로드'라고 하는데요. 이 도로를 따라 이동하면 독특한 대자연의 위용을 체험할 수 있어 탐험가들에게 인기가 많아요.

아이슬란드에는 130여 개의 화산이 있어요. 이곳에서 형성된 간헐천 지대의 물웅덩이들은 지표면 아래 물과 지열, 수맥을 잇는 지형이 모여서 부글부글 끓고 있어요. 그러다가 매 3~5분마다 물이 최고 40미터까지 하늘 높이 솟구쳐 오릅니다. 이런 간헐천 지대를 '게이시르'라고 불러요.

링로드를 따라 모험하다 보면 여러 폭포 또한 만날 수 있는데요. 최고 65미터에 이르는 거대한 폭포 속으로 직접 들어가 볼 수도 있어요. 검은 모래밭의 해변과 용암이 식으면서 형성된 주상절리, 그리고 넓게 펼쳐진 빙하 지대에서 트래킹도 할 수 있죠. 이곳은 너무나도 비현실적인 풍경을 가지고 있어 영화와 드라마, 광고, 뮤직비디오 촬영지로 인기가 좋대요.

🌱 나라의 위치를 확인하고 색칠해 보세요.　　🌱 나라와 수도를 따라 써 보세요.

쓰기력
Pass

아이슬란드　　　레이캬비크

어휘력
Pass

● 간헐천: 일정한 간격을 두고 뜨거운 물이나 수증기를 뿜었다가 멎었다가 하는
온천.

● 수맥: 땅속을 흐르는 지하수의 줄기.

● 주상절리: 마그마가 냉각 응고함에 따라 부피가 수축하여 생기는 다각형 기둥
모양의 금.

퀴즈
Pass

1 아이슬란드는 두 개의 대륙판이 만나 화산 활동이 활발한 곳입니다. 두 개의
대륙판은 각각 무엇일까요? (　　　　　), (　　　　　)

2 아이슬란드는 화산 지대의 영향으로 간헐천의 운동이 활발합니다. 이런
간헐천 지대를 무엇이라 부를까요? (　　　　　)

유럽

이번 겨울에는 아이슬란드
얼음동굴 투어에 꼭 갈 거야.

얼음동굴 투어가 뭔데?

거대한 빙하 속에 만들어진 얼음동굴인데, 여름 동안 물이
녹아 흐르고, 그 물길이 점차 큰 구멍이 되면서 만들어진 동굴
이야. 물결의 모양이 그대로 남아 있어 환상적이지.

와~ 게다가 오로라까지 보고 오면 금상첨화하겠구나.

BOARDING PASS ✈ **영국**
UNITED KINGDOM

수도	런던
인구	6,796만 명
면적	24만 3,610㎢ (한반도의 1.1배)
언어	영어
종교	기독교(46%), 무교(37%), 이슬람교(7%) 등

과거에는 필요한 물건이 있으면 수공업으로 직접 만들어 쓰곤 했죠. 하지만 18세기 후반 영국은 증기기관의 발명을 통해 면직물을 대량 생산할 수 있게 되었어요. 이렇게 기계를 통한 생산 방식의 변화로 산업이 비약적으로 발전하게 된 사건을 '산업혁명'이라고 해요. 영국은 이 산업혁명의 발상지예요. 수공업을 하던 작업장이 큰 공장으로 바뀌면서 사람들은 도시로 모였고, 인구가 크게 늘면서 도시화 또한 촉진되었어요. 결과적으로 생산량이 크게 늘면서 물질적인 풍요를 얻게 되었죠.

영국은 '해가 지지 않는 나라'라고 불렸어요. 아메리카, 아프리카, 아시아, 유럽, 오세아니아까지 전 세계에 걸쳐 식민지를 갖고 있었기 때문인데요. 영국에는 밤이 오더라도 지구 어딘가에 있는 영국의 식민지 국가는 낮이기 때문에 이런 별명이 생긴 거죠. 하지만 그 뒷면에는 다양한 사회적 문제들과 식민지가 된 약소국들의 피해라는 아픔이 존재했죠.

영국은 현대 스포츠의 발상지입니다. 부유했던 역사적 배경 덕분에 스포츠와 문화도 발달할 수 있었죠. 세계인들이 사랑하는 축구도 영국에서 시작되었고, 골프와 경마, 테니스, 배드민턴, 복싱, 럭비, 조정과 크리켓 등의 주요 규칙과 제도들도 19세기 후반 영국에서 발명되고 글로 정리되었어요. 영국의 문학도 빼놓을 수 없죠. 〈로미오와 줄리엣〉, 〈햄릿〉 등을 남긴 위대한 극작가 '셰익스피어'를 비롯해 세계인들의 사랑을 받는 추리소설 〈셜록 홈스〉, 〈해리포터〉 시리즈 모두 영국 작가의 작품이랍니다.

🌱 나라의 위치를 확인하고 색칠해 보세요.   🌱 나라와 수도를 따라 써 보세요.

영국   런던

어휘력 Pass

● 비약적: 지위나 수준 따위가 갑자기 빠른 속도로 높아지거나 향상되는 것.

● 약소국: 정치·경제·군사적으로 힘이 약하고 작은 나라.

퀴즈 Pass

1 18세기 후반 일어난 생산 기술과 사회 조직의 큰 변화로, 수공업 생산에서 기계 설비의 공장으로 전환되어 자본주의 경제를 확립하게 된 큰 사건을 무엇이라고 할까요? (   )

2 〈햄릿〉, 〈맥베스〉, 〈로미오와 줄리엣〉, 〈베니스의 상인〉 등의 작품을 남긴 세계적인 작가의 이름은 무엇일까요? (   )

런던의 버킹엄 궁전에 깃발이 꽂혀 있으면 여왕이 궁전에 있다는 뜻이래.

엘리자베스 2세 여왕? 2022년에 돌아가셨잖아.

맞다! 지금은 찰스 3세가 영국의 군주지.

엘리자베스 2세 여왕은 25살부터 70년간 재위해서 영국 역사상 가장 오랫동안 재위한 군주래.

유럽

수도 빈

인구 897만 명

면적 8만 3,879㎢ (한반도의 약 2/5)

언어 독일어

종교 가톨릭(55%), 동방정교회(5%), 개신교(4%), 이슬람교(8%) 등

어린 나이에 놀라운 피아노와 작곡 실력으로 유럽을 깜짝 놀라게 했던 '볼프강 아마데우스 모차르트'의 고향이 바로 오스트리아입니다. 모차르트는 6살 생일을 앞둔 어린 나이에 독일 뮌헨에서 첫 연주회를 성공적으로 마쳤어요. 어린 신동의 출현으로 당시 연주회 반응은 정말 뜨거웠다고 해요. 이후 모차르트는 쉬지 않고 연주회와 작곡 여행으로 평생을 보내다 안타깝게도 35세라는 이른 나이에 생을 마감했어요. 그는 〈피가로의 결혼〉, 〈마술피리〉, 〈레퀴엠〉 등의 오페라 곡을 비롯해 숱한 명곡을 남겼어요.

오스트리아는 우리가 익히 잘 알고 있는 고전 음악가들이 활동 무대로 삼은 음악의 나라입니다. '교향곡의 아버지' 하이든, '왈츠의 아버지' 요한 슈트라우스, '가곡의 왕' 슈베르트도 모두 오스트리아 출생이죠. 청각 장애를 딛고 위대한 음악을 남긴 베토벤은 독일에서 태어났지만, 성인이 된 이후 오스트리아에서 음악 활동을 했고요.

아름다운 클래식의 나라 오스트리아는 자연 경관 또한 뛰어나기로 유명해요. 보통 알프스 여행 하면 스위스를 먼저 떠올리게 되는데요. 오스트리아 국토의 3분의 2가 알프스로 이루어져 있어요. 그림처럼 맑고 투명한 산과 호수 덕분에 등산객과 스키어들의 발길이 끊이지 않죠. 게다가 물가도 스위스보다 저렴하면서 예술과 자연을 함께 즐길 수 있어 관광객들의 사랑을 받고 있답니다.

🌱 나라의 위치를 확인하고 색칠해 보세요.　　🌱 나라와 수도를 따라 써 보세요.

오스트리아　　　　빈

✈ 어휘력 Pass

- 신동: 재주와 슬기가 남달리 특출한 아이.
- 레퀴엠: 죽은 사람의 영혼을 위로하기 위한 미사 음악. 위령곡, 진혼곡 이라고도 함.

✈ 퀴즈 Pass

1 오스트리아의 대표적인 음악가로 〈피가로의 결혼〉, 〈마술피리〉, 〈레퀴엠〉 등의 오페라 곡을 비롯해 숱한 명곡을 남긴 음악가의 이름은 무엇일까요?
（　　　　　　　　）

2 '교향곡의 아버지' （　　　　　　　）, '왈츠의 아버지' （　　　　　　　）는 모두 오스트리아 출생이다.

유럽

크루아상이 원래 오스트리아 빵인 거 알아?

프랑스 빵 아니었어?

오스트리아 여왕의 막내딸이던 마리 앙투아네트가 프랑스 루이 16세의 왕후가 됐는데, 크루아상 빵 맛을 잊지 못해 고향의 요리사한테 만들라고 하면서 프랑스에 전파된 거래.

유럽 남부에 위치한 이탈리아는 고대 로마 제국의 전통과 유적들, 중세와 르네상스에 이어지는 건축물과 예술품들이 잘 보존되어 있어 살아있는 역사 박물관 같은 곳입니다. 콜로세움, 판테온, 포로 로마노에 가면 서구 문명의 중심이었던 고대 로마인의 생활과 문화를 엿볼 수 있고요. 피렌체와 베네치아에 가면 이탈리아 르네상스 시대의 건축물과 예술 작품에 눈이 커지게 될 거예요.

'르네상스'에 대해 들어 본 적 있나요? 14세기경 지중해 무역으로 발전한 이탈리아는 신을 중시하던 중세 시대에서 조금씩 벗어나기 시작했어요. 그리스·로마 고전 문화를 부활시키고 인간의 개성과 존엄성을 강조하는 '르네상스'가 펼쳐진 것이죠. 레오나르도 다 빈치의 〈모나리자〉와 〈최후의 만찬〉, 미켈란젤로의 〈피에타〉와 〈천지창조 벽화〉, 라파엘로의 〈아테나 학당〉 등이 모두 그 시대에 탄생한 걸작들이죠. 이탈리아에서 시작된 르네상스는 16세기에 프랑스와 영국, 독일을 비롯한 유럽 전역에 영향을 미쳤어요. 문화·예술·자연 과학 분야에 걸친 변화들이 마침내 근대화를 이끌었죠.

이탈리아의 대표적인 음식 파스타(스파게티)와 피자는 누구나 즐겨 먹는 음식이에요. 밀가루를 반죽하여 만드는 파스타는 그 모양에 따라 종류가 무척 다양해요. 나폴리 피자는 화덕의 종류와 온도, 피자 도우의 모양과 두께까지 까다롭게 인증할 정도로 자부심이 크다고 해요. 그 밖에도 이탈리아는 전 세계의 패션을 주도하는 브랜드와 디자이너들을 많이 배출해 패션 업계에서 최고의 수준을 자랑하고 있습니다. 세계적인 명품으로 인정받는 자동차 브랜드들도 이탈리아 경제에 큰 역할을 하고 있답니다.

🌱 나라의 위치를 확인하고 색칠해 보세요.　　🌱 나라와 수도를 따라 써 보세요.

쓰기력
Pass

이탈리아　　　로마

어휘력
Pass

● 콜로세움: 이탈리아 로마에 있는 고대의 원형 경기장.

● 판테온: 로마 시대 신전(神殿)을 이르는 말.

● 포로 로마노: 고대 로마 시민들의 생활 중심지이자, 정치와 문화의 중심지였던 곳.

퀴즈
Pass

1 14세기경 이탈리아에서 시작된 문화 운동으로, '그리스·로마 고전 문화를 부활시키고 인간의 개성과 존엄성'을 강조하는 것을 무엇이라고 할까요? (　　　　)

2 이탈리아 르네상스를 이끈 대표적인 예술가로, 〈피에타〉 조각과 시스티나 천장 벽화의 〈천지창조〉 등의 예술작품을 남긴 인물은 누구일까요? (　　　　)

이탈리아 나폴리 근처에 화산 폭발로 하루아침에 멸망한 도시가 있대.

서기 79년 베수비오 화산 폭발로 사라진 도시 폼페이 맞지?

응. 오천여 명에 달하는 마을 사람들이 화산재에 덮여서 화석이 됐대.

맞아. 화산재에 덮여있던 도시가 1599년 우연히 발견됐는데, 신전과 광장, 목욕탕, 원형극장의 흔적까지 생생하게 남아서 고대 로마의 생활상을 볼 수 있대.

BOARDING PASS ✈ **체코**
CZECH REPUBLIC

수도	프라하	언어	체코어
인구	1,050만 명	종교	무교(48%), 가톨릭(7%), 개신교(1%) 등
면적	7만 8,867㎢ (한반도의 1/3)		

체코는 유럽 중부에 위치한 내륙 국가예요. 폴란드, 독일, 오스트리아, 슬로바키아의 4개 국가와 국경을 맞대고 있는 지리적 위치 때문에 잦은 침략을 받았어요. 제2차 세계 대전 이후 독일로부터 체코슬로바키아 사회주의 연방 공화국으로 독립했다가, 1993년 슬로바키아와 분리되면서 비로소 완전한 독립 국가가 되었지요.

다행히도 제2차 세계대전의 폭격을 피한 체코의 수도 프라하에서는 중세 시대부터 현대까지 역사의 흔적이 담긴 다양한 형태의 건축물을 볼 수 있어요. 특히 11세기부터 18세기까지 건축되었던 프라하의 구도시는 유네스코 세계유산으로 지정되어 있어요. 이곳에서는 로마네스크 양식부터 고딕, 르네상스, 바로크, 아르누보 양식까지 시대별로 다양한 건축 양식과 역사를 모두 볼 수 있어 '건축 박물관'이라고 불리기도 한답니다.

체코는 유리 공예로 유명해요. 유리 공예를 전문으로 가르치는 학교가 있을 정도죠. 체코의 서부지역을 보헤미아라고 하는데요. 숲이 많은 보헤미아 지방은 유리의 원료인 규석이 풍부해서 13세기 후반부터 유리가 생산되었대요. 양질의 유리가

생산된 덕분에 프라하에서는 유리 공예가 발전할 수 있었어요. 2023년에는 체코의 수공예 유리 제작이 유네스코 인류무형문화유산에 등재되었다고 해요.

🌱 나라의 위치를 확인하고 색칠해 보세요.

🌱 나라와 수도를 따라 써 보세요.

체코

프라하

어휘력
Pass

● 규석: 규소를 주성분으로 하는 광물. 흰색, 회색, 붉은색 따위를 띠며 유리, 도자기, 벽돌 따위를 만드는 데 씀.

퀴즈
Pass

1 체코는 유럽 중부의 내륙 국가로 체코는 4개의 국가와 국경을 맞대고 있는데요. 4개의 국가는 어디일까요?

(   ), (   ), (   ), (   )

인형 관절 마디마다 실로 묶어서 조종하는 인형을 뭐라고 하더라?

마리오네트 인형?

그래, 체코에 가면 곳곳에서 마리오네트 인형극을 볼 수 있대.

제2차 세계대전 때 독일의 나치 정권에서 언어와 표현의 자유를 억압받던 체코인들이 인형극으로 문화를 표현하고 계승하면서 더욱 발달하게 되었대.

〈정답〉 ① 폴란드, 독일, 오스트리아, 슬로바키아

튀르키예
TURKIYE

BOARDING PASS ✈

수도 앙카라

인구 8,626만 명

면적 77만 9,452㎢
(한반도의 약 3.5배)

종교 튀르키예어

언어 이슬람교
(99.8%, 수니파 다수) 등

아시아에서부터 실크로드를 따라오다 보면 유럽과 만나는 곳에 위치하고 있는 나라가 있는데요. 바로, 튀르키예입니다. 튀르키예는 유럽과 아시아를 잇는 관문으로, 동방과 서방의 문화를 연결하는 교차로 역할을 해 왔어요. 지리적 위치 때문에 동서양의 힘이 격돌하기도 했고, 교역의 중심지로 다문화 도시가 되기도 했습니다.

이런 역사의 흔적이 고스란히 남겨진 건축물이 있는데요. 바로, 이스탄불의 '아야 소피아'입니다. 아야 소피아는 동로마제국의 비잔티움 양식으로 만들어진 최고의 성당이었지만, 오스만 제국의 지배를 당하면서 이슬람 모스크로 바뀌게 된 곳이에요. 점령자가 바뀌면서 예술품과 건물들도 크게 훼손을 입었었죠. 이후 꾸준한 복원작업으로 현재는 가톨릭과 이슬람의 흔적이 어우러진 독특한 분위기를 자아내고 있답니다.

맞은편 도보 5분 거리에는 세계에서 가장 아름다운 모스크로 평가받는 '술탄 아흐메트 사원'이 있어요. 오스만 제국이 만든 이 건축물은 모스크 안 벽면을 푸른빛의 도자기 타일로 만들어 '블루 모스크'라는 애칭으로 더 잘 알려져 있어요.

튀르키예는 우리나라를 '형제의 나라'라고 불러요. 1950년 한국전쟁 때 튀르키예는 우리나라에 군대를 파견해서 도와줬어요. 이때 많은 튀르키예 군인이 목숨을 잃거나 다쳤기에 우리나라를 피로 맺어진 형제라고 부른답니다.

🌱 나라의 위치를 확인하고 색칠해 보세요.　　　🌱 나라와 수도를 따라 써 보세요.

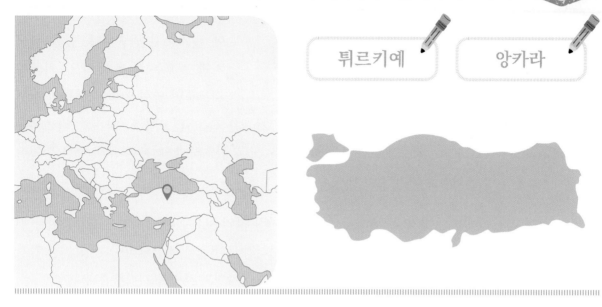

튀르키예　　　　앙카라

✈
어휘력
Pass

● 실크로드: 내륙 아시아를 횡단하여 중국과 서아시아·지중해 연안 지방을 연결하였던 고대의 무역로. 고대 중국의 특산물인 명주를 서방의 여러 나라에 가져간 데서 온 말. 비단길이라고도 함.

● 모스크: 이슬람교에서 예배하는 건물을 이르는 말.

✈
퀴즈
Pass

1 이스탄불의 대표적인 건축물로 과거 가톨릭 성당으로 지어졌다가 이슬람 사원으로 그 쓰임이 바뀌게 된 곳은 어디일까요? (　　　　　　　)

2 가장 아름다운 모스크로 평가받는 '술탄 아흐메트 사원'은 건물 내부가 푸른 도자기 타일로 만들어져서 (　　　　　　)라는 애칭으로 더 많이 불려요.

튀르키예는 2022년까지 나라 이름이 '터키'였다며?

원래부터 튀르키예 사람들은 자국을 '튀르키예'라고 불러왔대. 영어식 표기 때문에 터키(Turkey)로 사용했던 거야.

터키(Turkey)는 칠면조란 뜻 아니야?

그렇지, 서양에서 칠면조는 '겁쟁이'란 의미도 있어서 국가명을 바꾼 거래.

포르투갈의 수도 리스본은 우리 나라 서울과 비슷한 위도(북위 38°)에 위치하고 있습니다. 같은 위도지만 기후는 매우 달라요. 서울은 계절풍의 영향을 받아 여름에 덥고 습하며 겨울은 춥고 건조하죠. 하지만 리스본은 지중해성 기후로 여름에는 고온 건조하고, 겨울은 온대 해류의 영향을 받아 온화하고 비가 자주 내립니다.

15세기부터 17세기 초까지 전 세계에서 영토를 가장 많이 보유했던 나라가 포루투갈이란 것을 알고 있나요? 흔히 '대항해 시대'라 불리던 때, 대서양에 인접한 포르투갈이 가장 먼저 앞장서서 세계 곳곳의 바다를 누비며 대륙 간 항로를 개척하고 탐험과 무역을 시작했습니다.

'바스쿠 다 가마'는 뱃길로 인도에 다녀온 첫 번째 유럽인입니다. 그는 1497년 7월 리스본 항구에서 출발해 아프리카 희망봉을 지나 이듬해 5월 인도에 도착했어요. 하지만 그는 당시 인도에서 별다른 무역 성과를 얻지 못했고 선원들도 겨우 3분의 1만 살아서 1499년에 다시 포르투갈로 돌아왔는데요. 그렇지만 바스쿠 다 가마는 1502년에 다시 군함을 이끌고 인도로 향했어요. 이 여정에서 이슬람 상인들과 인도의 시민들을 무참히 죽였고, 포르투갈은 인도에서 향신료를 착취하고 인도양을 지배하는 시대를 열었죠. 서양에서 동양으로 가는 항로를 개척해 새로운 시대가 열리는 계기를 마련한 것에는 의미가 있지만, 이후 서양 제국들의 착취로 인해 얼룩진 아프리카와 동양의 역사는 긍정적으로 평가하기 어렵지요.

🌱 나라의 위치를 확인하고 색칠해 보세요.　　🌱 나라와 수도를 따라 써 보세요.

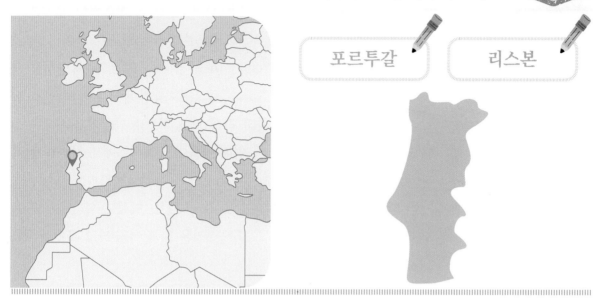

포르투갈　　　리스본

 어휘력 Pass

● 희망봉: 남아프리카공화국 서남쪽 끝에 있는 곳. 케이프타운 남쪽에 있는 지명.

● 이듬해: 바로 다음의 해.

● 향신료: 음식에 맵거나 향기로운 맛을 더하는 조미료. 고추, 파, 후추 등.

 퀴즈 Pass

1 15~17세기에 이루어진 지리적인 발견으로 서유럽 나라들이 바닷길을 통해 새로운 땅을 찾아 나서던 시대를 무엇이라고 할까요? (　　　　　　)

유럽

포르투갈 여행 다녀온 선물이야.

세상에! 내가 제일 좋아하는 에그타르트잖아!

에그타르트는 수녀원에서 비법을 전수한 디저트래.

수녀님들이 어쩌다 이렇게 맛있는 디저트를 만드셨대?

당시 수녀님들이 수녀복을 빳빳하게 만들기 위해 달걀 흰자를 사용했었는데, 남는 달걀 노른자를 활용해서 만든 디저트가 에그타르트의 시초래.

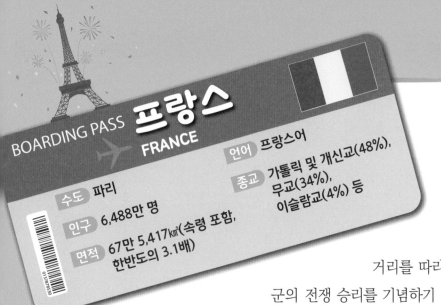

BOARDING PASS ✈ **프랑스**
FRANCE

수도 파리

인구 6,488만 명

면적 67만 5,417㎢(속령 포함, 한반도의 3.1배)

언어 프랑스어

종교 가톨릭 및 개신교(48%), 무교(34%), 이슬람교(4%) 등

프랑스 파리는 누구나 방문하고 싶어 하는 대표적인 도시입니다. 프랑스 혁명으로 루이 16세와 마리 앙투아네트가 처형당했던 콩코드 광장에서부터 샹젤리제 거리를 따라 걷다 보면 어느덧 나폴레옹과 프랑스 군의 전쟁 승리를 기념하기 위해 만들어진 개선문에 도착하게 됩니다. 또한 건축 당시에는 파리의 미관을 해치는 혐오스러운 쇳덩어리라고 조롱받았지만, 지금은 파리의 상징이 되어 버린 아름다운 에펠탑도 볼 수 있죠. 당시 소설가들과 작곡가 등 유명 예술인들은 에펠탑을 두고 '파리의 수치', '흉물스러운 철 덩어리'라고 혹평했다고 하네요.

1789년에 루이 16세 정부는 성직자, 귀족들의 부패와 세금 면제로 악화된 재정을 시민계급들에게 세금을 착취하는 방식으로 해결하려고 했어요. 이에 시민들이 무장하고 일어나 정부에 대항하게 되었는데요. 프랑스 시민들이 자유와 평등을 얻기 위해 일으킨 이 사건이 바로 '프랑스 혁명'이에요. 프랑스 혁명은 왕족 중심에서 시민이 중심이 되는 시대를 열게 된 큰 사건이었죠.

파리에 가면 세계적인 미술작품들을 만나볼 수 있어요. 유리로 만들어진 피라미드 모양이 상징인 루브르 박물관에 가면 무려 38만 점이 넘는 회화와 조각들이 있다고 합니다. 전 세계에서 가장 유명한 미술품 중 하나인 레오나르도 다 빈치의 〈모나리자〉를 비롯해 〈밀로의 비너스〉, 〈민중을 이끄는 자유의 여신〉, 〈나폴레옹의 대관식〉 등을 감상할 수 있고요. 그 밖에도 오르세 미술관, 오랑주리 미술관 등에서 반 고흐, 마네, 모네, 르누아르, 샤갈, 마티스, 피카소 등의 작품을 모두 만나 볼 수 있답니다.

🌱 나라의 위치를 확인하고 색칠해 보세요.   🌱 나라와 수도를 따라 써 보세요.

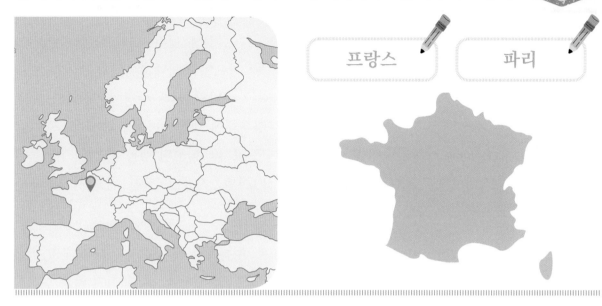

프랑스   파리

어휘력 Pass

● 혹평: 가혹하게 비평함.

● 착취: 계급 사회에서 생산 수단을 소유한 사람이 생산 수단을 갖지 않은 직접 생산자로부터 그 노동의 성과를 무상으로 취득함. 또는 그런 일.

퀴즈 Pass

1 건축 당시에는 혐오스러운 쇳덩어리라 혹평을 받았지만, 지금은 파리의 대표적인 상징이 된 건축물은 무엇일까요? (   )

2 기존의 왕과 성직자, 귀족 등의 특권층이 권력을 갖던 시대에서 시민들이 권리를 갖는 시대로의 전환을 가져온 프랑스의 큰 사건을 무엇이라고 할까요? (   )

유럽

프랑스 국기 삼색기가 무슨 색인지 알아?

그럼~! 파란색, 빨간색, 흰색이지!

각각이 상징하는 의미도 알겠네?

파란색은 자유, 빨간색은 평등, 흰색은 박애를 상징하지.
프랑스 혁명 때 시민들이 모자에 붙였던 표지에서 유래한 거래.

수도 헬싱키
인구 554만 명
면적 33만 8,145㎢ (한반도의 약 1.5배)
언어 핀란드어, 스웨덴어
종교 루터교(65%), 그리스정교(1%) 등

UN에서는 해마다 146개국을 대상으로 조사한 '세계 행복 보고서'를 발표하는데요. 이 조사는 1인당 국내 총생산(GDP), 사회적 지원, 기대 수명, 삶 선택의 자유, 관용, 부정부패에 대한 인식 등 6가지의 항목을 평가 기준으로 합니다. 이 보고서에 따르면 행복 지수가 가장 높은 나라는 바로 핀란드라고 해요. 핀란드는 2024년까지 7년 연속 1위를 차지했대요. 그만큼 핀란드는 높은 복지 수준을 자랑하지요.

핀란드에서는 특별한 자연 경관을 볼 수 있는데요. 여름에는 백야 현상이 나타나고, 겨울에는 오로라를 관측할 수 있어요. 백야 현상은 해가 지지 않아 밤에 어두워지지 않는 현상을 말해요. 지구의 자전축이 23.5도 기울어져 있기 때문에 북극 지역인 북유럽은 여름이 되면 태양 쪽으로 기울어져 해가 지지 않게 되는 것이죠. 오로라는 전기를 띤 '대전 입자'가 지구의 공기와 충돌하면서 밤하늘에 아름다운 빛으로 일렁이게 되는 것인데요. 보통은 지구 자기장에 가로막혀서 우주로 튕겨 나가는데, 북극이나 남극 지방은 자기장 층이 얇아서 오로라를 관측할 수 있는 것이랍니다.

여러분! 크리스마스의 상징인 산타클로스 할아버지가 핀란드에 살고 있다는 사실을 알고 있나요? 지붕마다, 나뭇가지마다 눈이 소복하게 쌓인 산타 마을에 가면 산타를 직접 만나볼 수 있어요. 우리에게 루돌프로 잘 알려진

순록이 끄는 눈썰매도 타볼 수 있다니 정말 동화 속 세상이 따로 없네요.

🌱 나라의 위치를 확인하고 색칠해 보세요.　　🌱 나라와 수도를 따라 써 보세요.

핀란드　　헬싱키

어휘력
Pass

● 대전입자: 전기를 띄고 있는 매우 작은 입자.
● 자기장: 자석의 주위, 전류의 주위, 지구의 표면 따위와 같이 자기의 작용이 미치는 공간.

퀴즈
Pass

1 북극 지역에서 여름에 발생하며, 해가 지지 않아 밤에도 어두워지지 않는 현상을 무엇이라고 할까요? (　　　　)

2 전기를 띤 대전 입자가 지구의 공기와 충돌해 하늘에 아름다운 빛을 일렁이게 하는 현상을 무엇이라고 할까요? (　　　　)

핀란드에 가면 허스키가 끄는 개 썰매를 탈 수 있다며?

맞아! 허스키 형님들이 얼마나 빨리 달리는지 롤러코스터를 타는 기분이었어.

과속은 싫어. 난 아름다운 설경도 감상할 겸 순록 썰매를 선택해야겠다.

BOARDING PASS ✈

헝가리
HUNGARY

언어	헝가리어
종교	가톨릭(39%), 개신교(14%) 등
수도	부다페스트
인구	999만 명
면적	9만 3,030㎢ (한반도의 2/5)

유럽 중부에 위치한 내륙 국가인 헝가리는 다뉴브강을 중심으로 동부와 서부로 나뉩니다. 다뉴브강은 독일에서 부터 오스트리아, 루마니아, 불가리아를 거쳐 흑해로 흐르는 긴 국제 하천이지요.

헝가리의 수도 부다페스트는 세계적인 관광 도시예요. 국회의사당, 세체니 다리, 어부의 요새, 부다 성, 성 이슈트반 대성당 등 아름다운 건축물들이 다뉴브강을 따라 늘어서 있지요. 유네스코 세계유산으로 지정되어 있는 이곳은 특히 야경이 아름답기로 유명하답니다.

헝가리는 과학과 수학 분야에서 큰 업적을 남긴 천재들이 많은 나라예요. 인구가 999만 명 정도로 우리나라의 5분의 1에 불과한 작은 나라지만, 무려 13명의 노벨상 수상자를 배출했어요. 인구수 대비로 치면 미국과 독일, 프랑스를 앞서는 수치라고 합니다. 그뿐만 아니라 헝가리 출신의 망명자와 이민자를 포함하면 실제로 노벨상 수상자는 20여 명이 넘는다고 하니 대단하죠.

헝가리에 우리나라 육개장과 비슷한 전통음식이 있어요. 헝가리인들이 즐겨먹는 굴라시라는 요리인데요. 소고기와 당근, 무 등의 야채를 넣고 파프리카와 고추로 매콤하게 끓여 낸 음식이에요. 우리 입맛에 딱 맞겠죠.

쓰기력
Pass

🌱 나라의 위치를 확인하고 색칠해 보세요.

🌱 나라와 수도를 따라 써 보세요.

헝가리

부다페스트

🛫 어휘력 Pass

● 망명자: 혁명 또는 그 밖의 정치적인 이유로 자기 나라에서 괴롭힘을 받고 있거나 받을 위험을 피해 외국으로 몸을 옮긴 사람.

🔺 퀴즈 Pass

1 중부 유럽에서 동부 유럽으로 흐르는 긴 강으로, 헝가리를 동부와 서부로 나누는 역할을 하기도 합니다. 이 강을 따라가다 보면 부다페스트의 멋진 야경도 볼 수 있는데요. 이 강의 이름은 무엇일까요? (   )

유럽

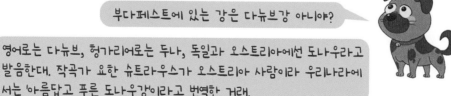
부다페스트 야경을 바라보며 '아름답고 푸른 도나우강' 음악을 들었어.

부다페스트에 있는 강은 다뉴브강 아니야?

영어로는 다뉴브, 헝가리어로는 두나, 독일과 오스트리아에선 도나우라고 발음한대. 작곡가 요한 슈트라우스가 오스트리아 사람이라 우리나라에서는 '아름답고 푸른 도나우강'이라고 번역한 거래.

순위로 보는 세계 나라

🔹 세계 인구 순위

(자료) 통계청 KOSIS, 2024년 기준, 단위: 명

순위	국가	인구수
1위	인도	14억 4,171만
2위	중국	14억 2,517만
3위	미국	3억 4,181만
4위	인도네시아	2억 7,979만
5위	파키스탄	2억 4,520만

* 세계 인구 약 81억 1,883만/ 한국 인구 약 5,150만

🔹 세계 면적 순위

(자료) 통계청 KOSIS, 2021년 기준, 단위 ha

순위	국가	면적
1위	러시아	17억 982만
2위	캐나다	9억 8,797만
3위	미국	9억 8,315만
4위	중국	9억 6천만
5위	브라질	8억 5,157만

* 한국 총면적 1,004만 ha
* 국토면적은 국토내의 수면을 포함한 국토의 총 면적을 기준으로 합니다.

🔘 세계 GDP 순위

(자료) 통계청 KOSIS, 2022년 기준, 단위: 천만 달러

순위	국가	국가별 GDP
1위	미국	25조 4,627억
2위	중국	17조 9,631억
3위	일본	4조 2,311억
4위	독일	4조 721억
5위	인도	3조 3,850억

* GDP (국내총생산, Gross Domestic Product)은 한 나라의 가계, 기업, 정부 등 모든 경제주체가 일정기간 동안 생산한 재화 및 서비스의 부가가치를 시장가격으로 평가하여 합산한 것입니다.

🔘 언어별 인구 순위

(자료) 통계청 KOSIS, 2016년 기준, 단위: 명

순위	언어	언어별 인구수
1위	중국어	1,197백만 (16.2%)
2위	스페인어	399백만 (5.4%)
3위	영어	335백만 (4.6%)
4위	힌디어	260백만 (3.5%)
5위	아랍어	242백만 (3.3%)

🔘 종교별 인구 순위

(자료) 지리 데이터 파일, 2016년 기준, 단위: 명

순위	종교	종교별 인구수
1위	기독교	238,994만 (33.0%)
2위	이슬람교	167,359만 (23.1%)
3위	힌두교	97,460만 (13.5%)
4위	불교	51,595 (7.1%)
5위	무신론	13,648 (1.9%)

자료 출처